課長・部長のための
マーケティング
実践入門

A Practical Guide to Marketing for Section and Division Managers

株式会社シェルパ

Sherpa

マイナビ

はじめに

現代のビジネスシーンにおいて、マーケティングは企業の規模を問わず当たり前におこなわれるようになった。ほとんどのビジネスパーソンが、新人時代からなんらかの形でマーケティング活動に携わってきたことだろう。ただ、マーケティング業務に断片的にかかわった経験はあっても、その全貌を把握している人は少ないのではないだろうか。

課長や部長という立場になると、マーケティングに接する機会が格段に増える。そして、これまでのようにマーケティング業務の一部分を担うだけではなく、全体を通したマーケティング戦略を立案することも求められるだろう。部分的にマーケティングに携わってきたときと比べ、考えるべきこと、実行するべきこと、調整するべきこと、評価するべきことがあまりにも多く、混乱している人も多いと思う。

本書では、そういった課長、部長の方々の疑問を解決するべく、マーケティングをマネジャーの目線で俯瞰的に解説していく。よく「マーケティングの歴史は浅い」などといわれるが、企業の業績に直結する取り組みであるため、これまでさまざまな研究者によって多彩な理論が打ち立てられてきた。本書では膨大な研究事例に裏打ちされたロジックを、現場のマネジャーがすぐ参考にできるような実践的な手法に落とし込んでいる。

本書は次の7章で構成されている。

- 第1章　マネジャーによるマーケティングの基本
- 第2章　市場と顧客を分析する
- 第3章　自社と経営資源を分析する
- 第4章　マーケティングをもとに新商品を開発する
- 第5章　顧客にアクセスする
- 第6章　ブランド戦略を立てる
- 第7章　Webマーケティングを活用する

第1章では、マーケティングの基礎知識を取り上げる。「マネジャーによるマーケティング」と銘打っているだけに、一般的なマーケティング知識に留まらず、課長、部長としてどのようにマーケティングを実行するべきか……ということに紙幅を割いた。

続く第2章では、自社を取り巻く市場と顧客の分析について解説する。経験の浅いマーケターは、まず自社に目が行きがちだが、市場と顧客の分析なくして戦略を立てることはできない。市場と顧客の分析のあとは、いよいよ自社の分析だ。第3章では自社を包括的に分析し、とくに人、モノ、カネ、情報といった経営資源については深く掘り下げた。

第4章では、いよいよ具体的な新商品の開発手法を見ていく。新商品を開発したら、それをいかに顧客に届けるか……ということも検討しなければならない。第5章では広告やプロモーションといった顧客にアクセスする方法について解説する。

企業の永続的な発展に寄与するブランドをつくりあげるのもマーケティングの役目だ。第6章では、マネジャーによるブランディングを中心に、ブランドについておさえておきたい知識を取り上げていく。そして第7章では、現代のマーケティング活動に欠かせない「Webマーケティング」の活用法をチェックする。日進月歩のWebマーケティングだけに、本書が発売される時点で実用性の高い情報を盛り込むことに注意した。

本書はマーケティングという非常に幅広く奥深い分野を扱っているが、各項目には必ず1ページ以上の図解を用意するなど、文章を読むだけではなく、視覚的にもわかりやすい構成を心がけた。マーケティング戦略の立案に悩むマネジャーはもちろん、今後、課長や部長を目指すポジションにいる方々にもご覧いただければ幸いだ。

CONTENTS

CHAPTER 3

CHAPTER 4

CHAPTER 5

顧客にアクセスする……139

CHAPTER 7

Webマーケティングを活用する……187

CHAPTER 1

マネジャーによる マーケティングの基本

CHAPTER 1-01

マーケティングのストーリーを描く

上層部や部下をいかに動かすか

戦術レベルから戦略的な視点へ

マーケティングの対象は、モノ、サービス、情報、体験など、多岐に及ぶ。マーケティングなくして企業の存続は難しいといっても過言ではなく、読者の方々のなかにも、これまでの仕事を通してマーケティング業務に従事した経験がある人は多いだろう。

一口にマーケティングといっても、市場のリサーチや分析にはじまり、必要な施策を立て、それを実行し結果を管理する……といった具合に、さまざまな要素で構成される。これまで「マーケティング業務にかかわったことがある」という人も、一部分を担ったに過ぎないのではないだろうか。本書の読者の方々のなかには、課長や部長という立場にある人も多いと思うが、管理職やマネジャーがマーケティングにアプローチするときは、もう少し俯瞰的にとらえる必要がある。会社から予算を獲得しマーケティングを実行するには、上層部や管理部門を説得するだけのストーリーを描くことが欠かせないからだ。**課長・部長にとってのマーケティングは、戦術レベルに留まらず、戦略的な視点を持つことが前提となる。**

〈マネジャーはまず戦略を立てる〉

●戦略なくして戦術は機能しない

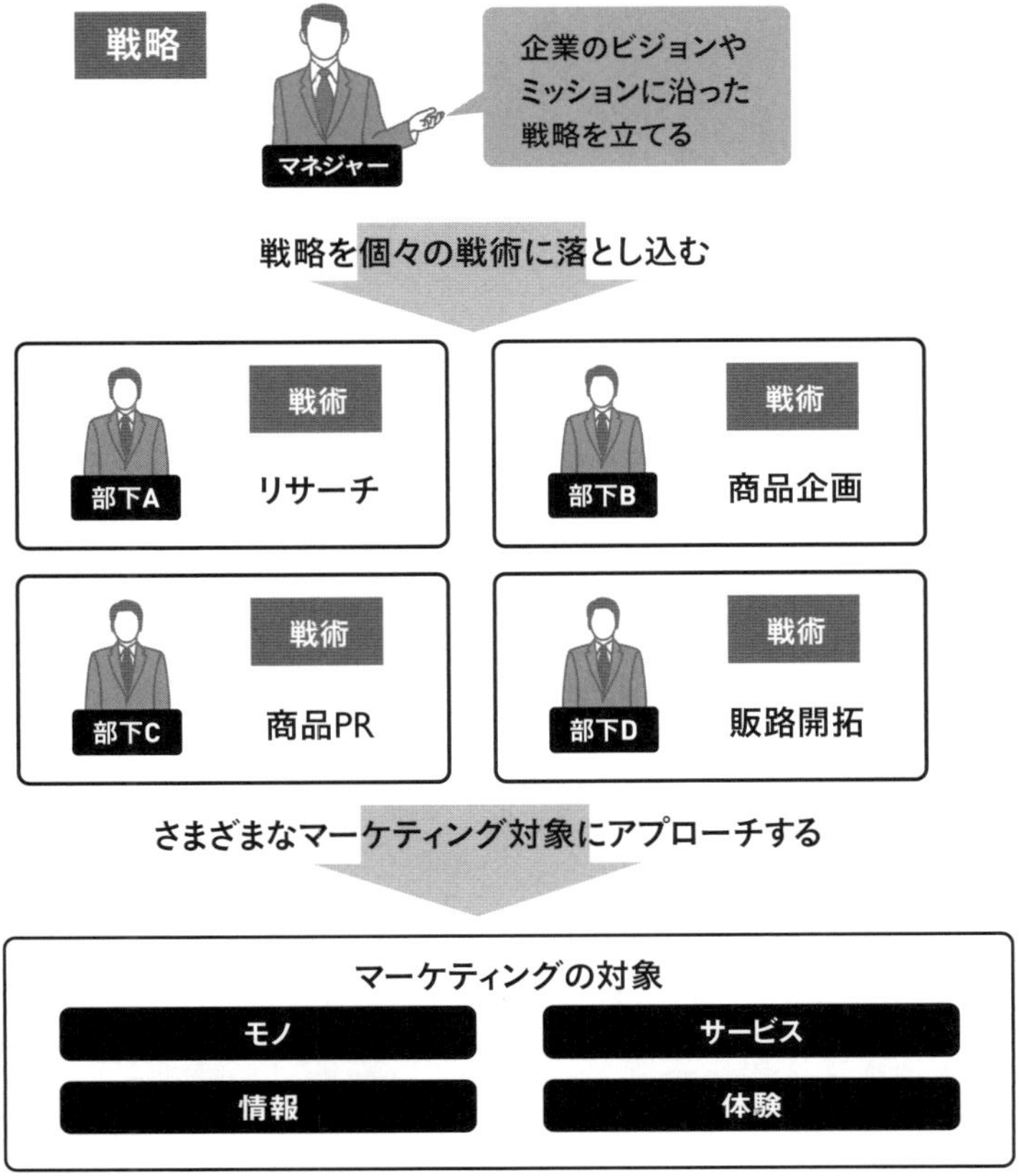

しっかりとした戦略を打ち立て、それを浸透させることによって、個々の戦術は戦略を実現させるための手段として機能する。

戦略はブレてはいけない

マネジャーになる前は、マーケティングに対して戦術レベルのかかわりだった……という人がほとんどかもしれない。実際にマーケティング業務に携わると、マーケティングのことがわかった気になるものだが、戦略的な視点でアプローチすると、まだまだ学ばなければいけないことがたくさんあることに気づくはずだ。

戦略と戦術は混同されがちだが、その意味は明確に区別される。ざっくり説明すると、戦略はビジョンや目標をもとに全体的な方向性を指し示すもので、戦術は戦略を実行・達成するための方法を指す。戦略は戦術の上位概念だととらえる人も多いと思うが、それ以前に、戦略なくして戦術は存在しないというわけだ。部下に戦術を実行させる場合も、マネジャーがいかにしっかり戦略を立てているか、ということが正否を左右するポイントになる。したがって、戦略はおいそれと変更してはならない。戦術は臨機応変に変更しても問題はないが、その根拠となる戦略がブレてしまえば、戦術どころではなくなってしまうからだ。

では、ブレない戦略をどう立てればいいのか……という疑問が頭に浮かんだ人も多いと思うが、そのカギとなるのは、「マネジャーが立てる戦略も、全社的な企業戦略をはじめ、より上位の戦略の影響を受ける」ということだ。**企業戦略を深く理解した上で、それに沿ったビジョンと目標を設定することからはじめれば、自ずと正しい方向性が見えてくる**だろう。

周囲を巻き込むストーリーをつくる

上層部にとっても部下にとっても納得感のある戦略づくりは、企業のビジョンやミッションに沿った目標や目的を設定することからはじまる。たとえば「野菜の提供を通じて消費者に食の安全と安心を届ける」というキーワードを企業が掲げているならば、「3年以内に水耕栽培の葉物野菜の市場シェアを10％高める」といった具体的な目標を立てる。そして、その目標を達成するためにいかに市場と対峙するか、どんな施策を打ってどう商品をマッチさせていくか……という活動の基本方針を打ち出していく。

肝心なのは、具体性とストーリーだ。単に「水耕栽培の葉物野菜をもっと売りたい」では、どのような施策を打てばいいのか、その手順がぼやけてしまうし、周囲の理解も深まらないだろう。具体的な目標をゴールとし、それを実現するために、たとえば「水耕栽培のレタスは農薬を使わないため洗う手間が省け、家庭での調理が楽になるのはもちろん、飲食業の厨房の効率性も劇的に変わる！　そのためには……」という**ストーリーをもとにマーケティングの全体像を構築していけば、説得力のある戦略を描くことができる**だろう。

実際には、戦略の立案までのプロセスは目標を設定したあと、市場や顧客、自社の調査や製品・サービスの分析をはじめ、セグメンテーション、ターゲティング、ポジショニングの設定やマーケティング・ミックスなどさまざまな手順が必要になるが、詳細は本書を読み進めながら順番に学んでいってほしい。

マーケティングとセリングは別物と心得る

プロダクト・インとマーケット・アウト

製品を起点に考えると市場や顧客は創造できない

マネジャーともなれば、営業目標や販売目標という数値のプレッシャーが大きくなるもの。そんななかで業績を高めるべく計画を立てると、つい販売努力ばかりが重視され、主力製品や在庫の売り上げを伸ばすことだけに終始してしまいがちだ。しかし、いまある製品を売り込むための技術は「セリング」といい、**マーケティングとは明確に区別される。マーケティングの本来の目的である「新しい市場や顧客を創造する」ということを忘れてはいけない。**

プロダクト・インとマーケット・アウトという考え方がある。前者は製品があって市場が成立するという考え方で、販売(セリング)やプロモーションを手段とし、売上高を高めることで利益を確保する。後者は市場がまずあって、顧客のニーズをマーケティングによって探り、顧客満足を実現して利益を確保するという考え方だ。マネジャーは考え方の起点にあるものが製品なのか、市場なのかを見誤らず、新たな市場や顧客を創造するという視点を常に持たなければならない。

〈顧客を創造するという視点を持つ〉

●マーケティングの本来の目的を見誤らない

＜セリングとマーケティングの違い＞

マネジャーの目線もまったく異なる

＜プロダクト・インとマーケット・アウトの比較＞

	プロダクト・イン	マーケット・アウト
考え方の起点は?	製品を起点とする	市場を起点とする
どこに注目する?	在庫に注目	顧客ニーズに注目
方法や手段は?	販売、プロモーションなど	マーケティング
その目的は?	売上高を高めることで利益を得る	顧客満足を実現することで利益を得る

製品にばかり注目すると、単なるセリングに留まってしまう。マーケティングには、マーケット・アウトの考え方が欠かせない。

CHAPTER 1-03

4Pを切り口に戦略を検討する

製品・価格・流通・プロモーションをチェック

マーケティングに不可欠な4つの視点

実際にマーケティングの戦略を立てるといっても、まず何から考えていいのか混乱してしまう人も多いだろう。マーケティングを構成する要素のうち、思考の足がかりになるのが「4P」だ。**4PとはProduct（製品）、Price（価格）、Place（流通）、Promotion（プロモーション）の頭文字をとった言葉。**「製品」は顧客ニーズを汲み取って生み出されるもので、各種サービスもこれに含む。この製品にどんな「価格」をつけて売り出すのか、どんなふうに「流通」させるのか、そして、どうやって消費者に「プロモーション」をするのか……といった流れを念頭に置けば、検討するべき課題が見えてくる。

近年は4Pに、Person（人）やPackage（外装）といった5つめのPを加える例もある。また、マーケティングの神様といわれたコトラーは、Political power（政治的圧力）やPublic opinion formation（世論形成）も加える提案をしている。このようにマーケティングは複雑な要素で構成されるが、思考の切り口としてはまず4Pを意識してほしい。

〈マーケティングの4P〉

●製品を中心に価格、流通、プロモーションを検討する

Product（製品）

消費者のニーズをもとに製品を開発したり、改良したりする。サービスの提供やブランドの構築も含まれる。

Price（価格）

原価や利益、需要や消費者心理を踏まえて価格を設定する。

Place（流通）

店舗の立地や流通経路、販売チャネルなどを検討する。

Promotion（プロモーション）

広告、宣伝、人的販売の方法などを検討する。

<そのほかにもいろいろな「P」が提案されている>

Person（人）

販売スタッフや広報担当者などの人材。

Package（外装）

デザインや提供方法のバリエーション。

このほか、Political power（政治的圧力）やPublic opinion formation（世論形成）など、政治や法律、社会環境もマーケティングの課題となることがある。

4つのPの詳細をつかむ

では、4つのPについて順番に解説していこう。

まず「製品」は、市場における消費者のニーズを満たす商品やサービスをつくり出したり、新たに消費者のニーズを生み出したりすることが基本となるが、もちろん自社の資源や強みを活かした商品開発も考慮に入れるべきだ。

次に「価格」だが、これは原価や利益から単純に求められるものではない。価格の付け方によって、値ごろ感をアピールしたり、反対に高級感を演出したりすることもできる。また競合製品の有無や、自社製品の市場での位置づけも検討事項に入る。

優れた製品を生み出し、消費者が求めやすい価格を設定しても、それでヒット商品になる……とは限らない。たとえば、高齢者向けの商品をネット通販だけで販売しても、あまり売れ行きは期待できないだろう。そこで3つめのP、「流通」を熟慮し、消費者のもとへ効率的に商品を届けなければならない。また、どのような場所で売るか……ということも大事だが、どう売るか……ということも重要なポイントだ。

消費者に製品やサービスについて知ってもらうプロモーションも欠かせない。広告や宣伝といった商品のことを広く知ってもらう活動のほか、購買意欲を高めるキャンペーンや売り場のスタッフの教育なども検討要素に含まれる。

製品、価格、流通、プロモーションをバランスよく検討する

以上のように4つのPについて簡単に解説したが、4Pをおさえておけば戦略の立案に必要な要件をすべて満たせるわけではない。ただ、**この4つのPを念頭に検討することで、思考の足がかりになったり、検討に必要な要件が抜け落ちるのを防いだりすることができる。**4Pのほかにも検討事項はたくさんあるが、4Pのなかでおろそかにしていい要素はないというわけだ。

経験の浅いマネジャーがマーケティングをおこなうときは、4Pのなかでも、1つか2つの要素に固執してしまいがちだ。先にも述べた通り、優れた製品を生み出し、値ごろ感のある価格を設定しても、ほかの2つのPが不足していれば、市場を創造することなどできないだろう。まずは4Pをバランスよく検討することが大事だ。

そして、4Pというフレームを通して見ることで、製品、価格、流通、プロモーションという要素を俯瞰できることもメリットだといえる。4Pはそれぞれの要素を単一に検討するのではなく、融合させたり、連続的に作用させたりすることで、より大きな戦略を描くことができるようになる。4Pそれぞれの施策を独立しておこなうよりも、うまく組み合わせることが肝心だ。これを「マーケティング・ミックス」というが、詳しくは32ページで解説する。

CHAPTER 1-04

顧客視点の4Cをチェックする

企業視点に偏ってはダメ

「顧客にとっての……」を考える

先のページで紹介した4Pは、あくまで企業の視点から見たもので、顧客視点が欠けているという批判もあった。そこで、4Pを企業視点から顧客視点に捉え方を変えた「4C」というフレームワークが1990年に登場した。4CはCunsumer value（顧客にとっての価値）、Cunsumer cost（顧客にかかるコスト）、Convenience（顧客にとっての利便性）、Communication（コミュニケーション）の頭文字からくる言葉。**4Cを意識することで、企業視点では気づかなかった顧客のニーズや不満をつかむことができる。**

たとえば4Pのプロモーションで、キャンペーン用の動画を流す特設サイトをつくったとする。しかし、顧客としては単に動画を見せられているだけで、押しつけ感を覚える場合もあるだろう。そこで、プロモーションを4Cのコミュニケーションに置き換えて、顧客が動画にコメントをつけられたりSNSでやり取りできたりと、顧客と対話できるような仕組みをつくれば、押しつけ感がなくなるばかりか、顧客の要望も吸い上げやすくなるだろう。

〈マーケティングの4C〉

●企業視点を顧客視点に転換する

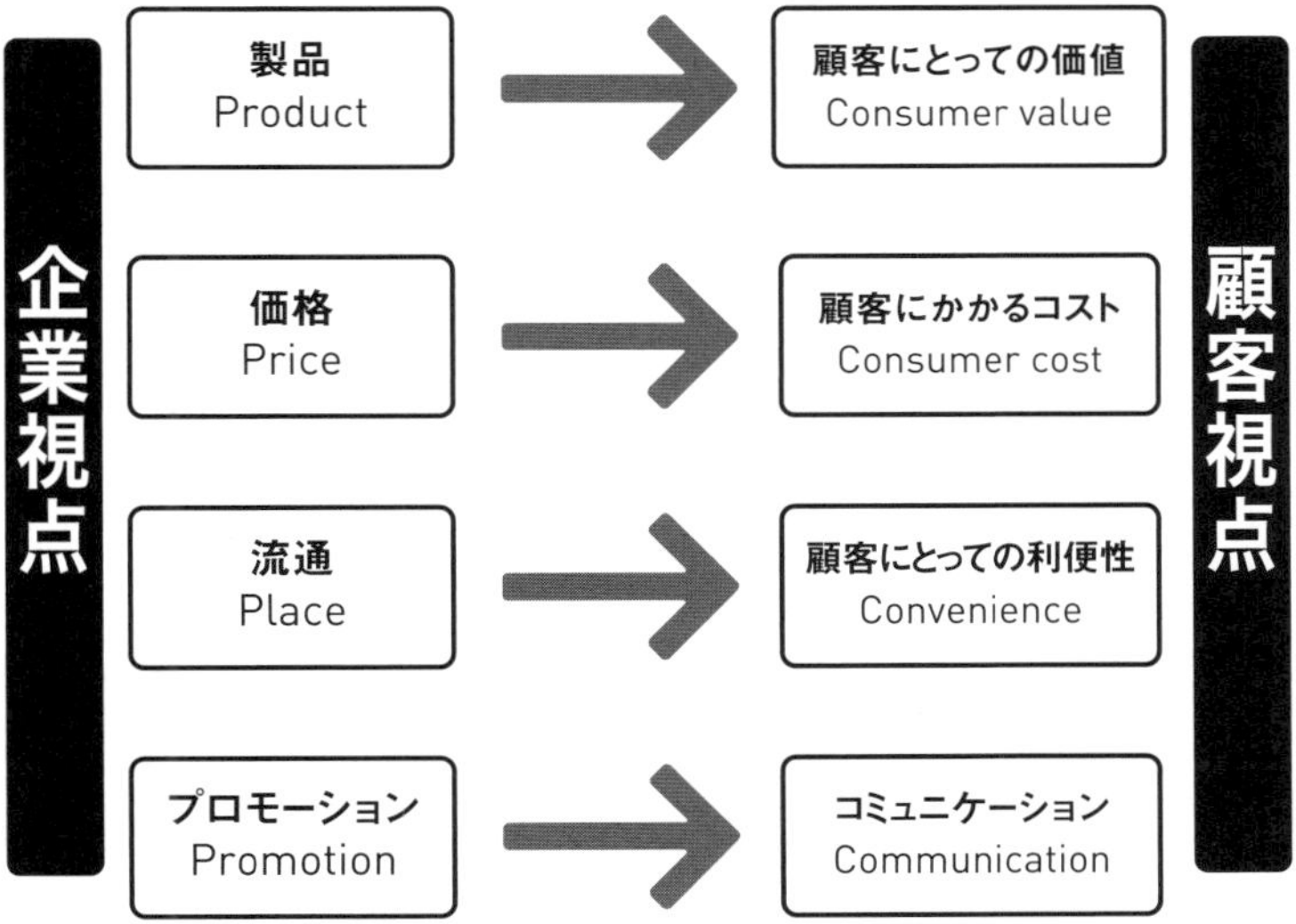

顧客にとっての価値

その製品やサービスが、顧客にどんな価値をもたらすか。どんな価値を求めているか。

顧客にかかるコスト

製品を購入したり、サービスを体験したりするのにどの程度の金銭や時間が必要か。

顧客にとっての利便性

顧客が商品にどのようにアクセスできるか。入手しやすいか、なかなか手に入らないか。

コミュニケーション

商品やサービスについて、顧客と対話できているか。顧客の声は届いているか。

CHAPTER 1-05

4P×4Cで戦略を立てる

マーケティング・ミックスを実行する

さまざまな要素を融合させて、強みを高めたり、弱点を補ったりする

マーケティングのさまざまな要素を組み合わせることを「マーケティング・ミックス」という。マーケティング・ミックスは前述した4Pの組み合わせが基本とされている。しかし、4Pは企業目線でのアプローチになるため、現状のマーケティング事情に必ずしもマッチしない点もある。顧客目線の4Cとあわせて活用し、よりバランスのよい視点で検討したい。

たとえば、食品メーカーが自社の空いている施設を野菜工場に改修し、水耕栽培の葉物野菜を新商品として売り出すとする。価格は一袋500円以上にしたいところだが、顧客にとってはちょっと割高感がある。そこで、ネットでの直販でダイレクトに顧客へ届けることで利便性という付加価値をつける。スーパーや青果店に流通させないため、ネットを通じて顧客にプロモーションをおこなったり、無農薬の安心食材を扱うレシピサイトを立ち上げたり……といった具合に、**4Pや4Cの概念をうまく融合させれば、それぞれの効果を高めたり、弱点を補ったりすることができる。**

〈4Pと4Cによるマーケティング・ミックス〉

●4Pだけではなく4Cも意識することが大事

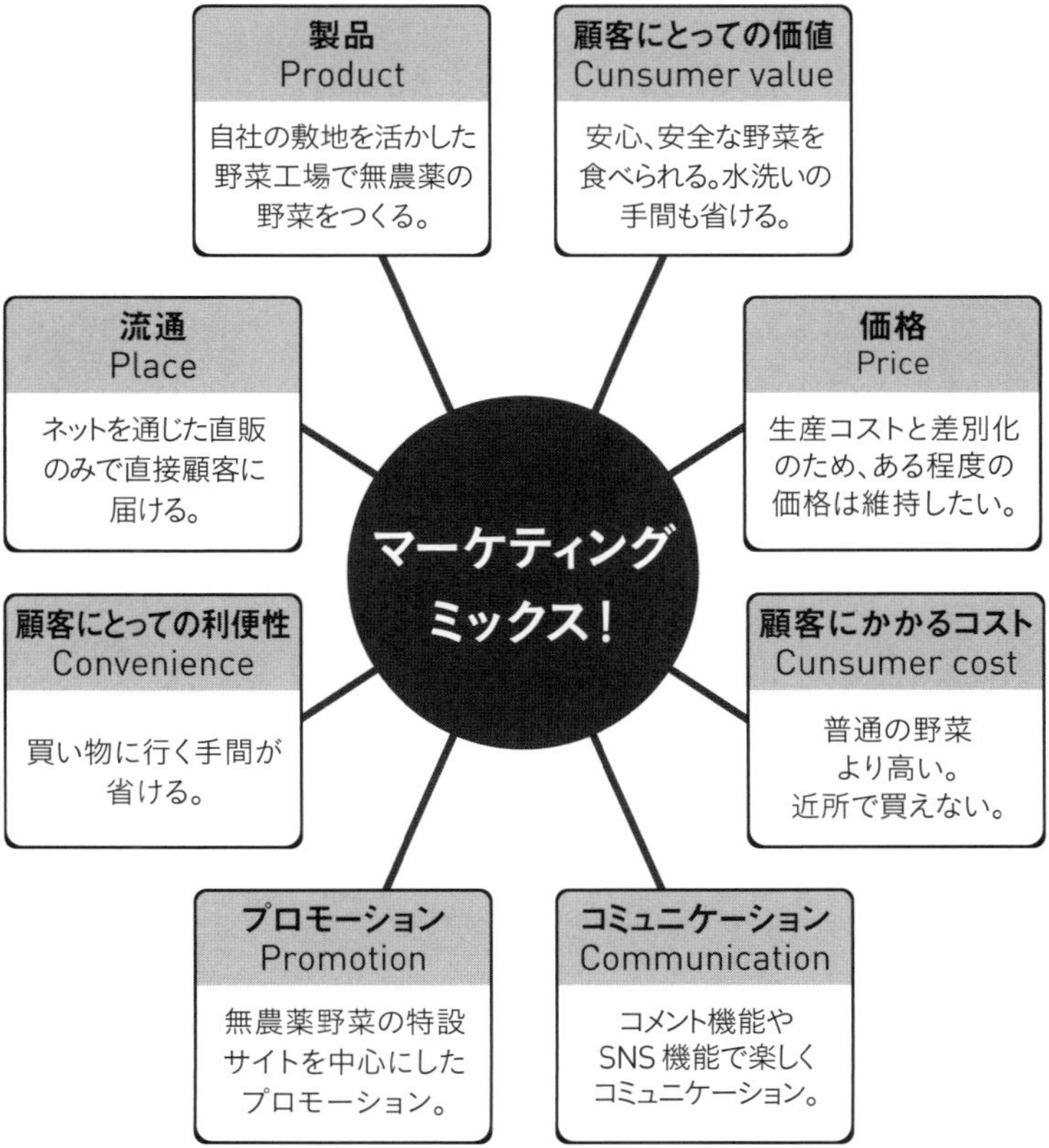

4Pや4Cを個々に検討するのではなく、それぞれの要素を融合させることで効果を高め合い、弱点をカバーするようなマーケティング・ミックスをおこなう。

CHAPTER 1-06

マーケティングの「衝突」を解決する

コンフリクトは必ず発生する

さまざまな立場の人を円滑に動かすには？

本章の最初に述べたように、マーケティングにはさまざまな手順があり、多くの人たちがかかわっている。ここまで紹介してきた基礎知識を実践に移す場合も、いろいろな人たちの手を借りることになるだろう。マネジャーとして部下を動かしたり、他部署と連携をとったりしなければいけない立場にいる人はなおさらだ。市場を分析して戦略を立てる、戦略を踏まえて新商品を開発する、開発した新商品の広告を打つ、新商品を消費者に届けるための流通を整備する……といったように、マーケティングを完結するまでに企画部や開発部、営業部などさまざまな部署と連携をとっていかなければならない。

マネジャーとしてのかかわり方は、各部門のリーダーだったり、部門を束ねる部署の責任者だったり、あるいは部門の垣根を超えたプロジェクトリーダーだったりとさまざまだが、**部門が違えば必ず何らかのコンフリクト（対立・衝突）が発生する**。それぞれの利害を調整し、いかにコミュニケーションを円滑にするのかも、マネジャーの手腕にかかっている。

〈マーケティングは部門間の連携が不可欠〉

●部門間のコンフリクト解消はマネジャーの仕事

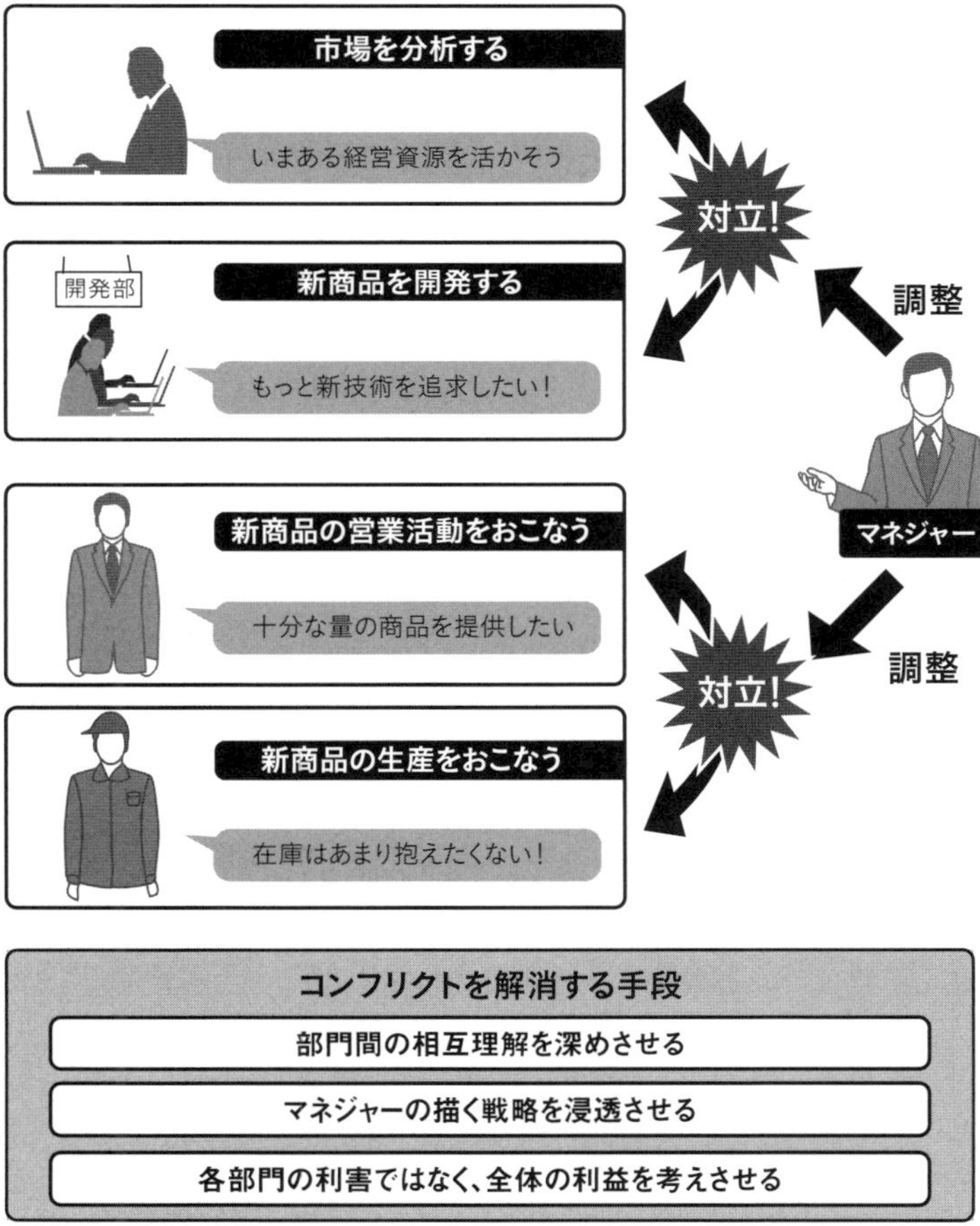

相互理解を進め、全体のゴールを明確に示す

では、具体的なコンフリクトの解消方法を見ていこう。

コンフリクトを解消するには、まずマネジャーが各部門の仕事をしっかり理解しておく必要がある。プロジェクト全体を統轄する立場にある人はもちろん、各部門を任されているリーダーも、自分の部門だけではなく、他の部門がどんな仕事をして、どのような役割をもっているかを理解しないと、相手の立場を伺い知ることはできないだろう。営業部が顧客の要望で多くの在庫を確保しようとすることが、製造部にとって過剰生産につながってしまうなど、一方の要望がもう一方の不利益に直結することも少なくない。

企画、開発、営業、製造など、それぞれが専門分野であるため、**マネジャーが思っているほど部門間の相互理解は進んでいないものだ。**部門ごとに達成するべき目標はあっても、自分たちの利益ばかりにとらわれすぎると、全体の目標が達成できないという本末転倒な事態に陥ってしまう。マネジャーは、それぞれの立場を理解させた上で、目指すべき全体のゴールを明確に示すことが肝心だ。そういった意味では、本章の冒頭で述べたように、ブレない戦略をいかに立てるか、ということが大前提になる。

肝心なことは、それぞれの部門が自分の持ち場だけの事象にコミットするのか、全体に対してコミットするのか、といった違いにある。マーケティングは局所的に完結するものではないため、自分の持ち場の範囲にかかわらず、常に全体を見据える視点をもっておきたい。

CHAPTER 2

市場と顧客を分析する

CHAPTER 2-01

マーケティングの流れをおさえる

「市場をつかむ」ことからはじまる

マーケターの仕事は多岐に及ぶ

実際にマーケティングをおこなう際、どのような手順をとればいいのか、迷ってしまう人もいるだろう。マーケターのポジションによっても詳細は変わってくるが、マネジャーとしてマーケティングを統括するような立場にいる人は、まず市場をつかむことにはじまり、顧客や競合他社、そして自社の置かれた状況の分析をおこなって製品やサービスを企画し、必要に応じて社内の上層部に対しプレゼンテーションを実施する。その後は製品やサービスを実際に開発し、さまざまなプロモーションをおこなったり、新たな市場を創造したりしながら、生産や流通の体制を整えていく。商品をリリースしたあとも継続的なアプローチは必要で、折を見てまた上層部へのプレゼンテーションも発生するだろう。

マネジャーの多くは包括的な対応が求められるが、**すべてのはじまりは、市場をつかむことにある**。本章ではその礎となる市場や顧客を分析する術について解説していきたい。

〈マーケティングの流れ〉

●すべてのはじまりは市場をつかむことにある

市場をつかむ
環境分析やリサーチを通し、顧客や競合他社、自社の置かれた状況を分析する。

▼

商品を企画する
自社の経営資源や優位性などに鑑み、新たな商品の開発やリニューアルを企画。

▼

上層部へのプレゼンテーション
企画した商品を実現するために、上層部にプレゼンテーションをおこなう。

▼

商品を開発する
試作品やテスト版などの検証をしつつ、実際に製品やサービスをつくり出す。

▼

プロモーションの実施・市場の創造
顧客を掘り起こしたり、新たな市場を生み出したりする施策を打つ。

▼

生産や流通を管理する
生産数や在庫を管理し、顧客のもとに商品が適切に届くように流通を整える。

▼

商品を継続させる
商品を継続的に運用するために適時評価し、評価に応じ具体的な施策を打つ。

▼

上層部へのプレゼンテーション
商品の継続、廃止、リニューアルなど、必要に応じ上層部にプレゼンする。

マーケティングにはさまざまな手順があるが、マネジャーの立場では全体を通した流れを把握することが求められる。とりわけ、いかに市場をつかむのかは、マーケティングの正否を左右する重要事項だ。

市場にはさまざまな種類がある

一口に「市場をつかむ」といっても、市場にはさまざまな種類があり、市場によって特性も変わる。

市場は売り手と買い手が集まって形づくられているが、**買い手と売り手の関係性も市場によって大きく異なる**。たとえば企業と消費者が取引する市場は「B2C市場」と呼び、企業同士が取引する市場は「B2B市場」と呼ぶことはすでにご存知だろう。B2C市場とB2B市場とでは、マーケティングのアプローチも大きく変わってくる。

B2C市場の特徴としては、とにかく多数の顧客を対象とすることが多く、マーケティング戦略もマス・マーケティングをはじめ大規模なものになりやすい。マス・マーケティングとは、読んで字のごとく「マス」、つまり大衆を対象としたマーケティングのことで、テレビ、新聞、雑誌などを通した不特定多数へのアプローチが基本となる。顧客数をいかに大きく育てていくかがポイントになるため、新規顧客を開拓したり、リピーターを獲得したりと、相応の時間と費用を必要とする戦略が主流となる。

一方、B2B市場は、たとえば部品メーカーが、パソコンのメーカーにプロセッサやメモリなどのパーツを供給するといった形で取引先をある程度しぼり込むため、B2C市場と比較して市場が細分化されやすく、また取引が継続的になりやすい。ニッチな分野での取引も多く、細かなニーズに応えるようなマーケティングが効果を発揮するだろう。

市場の動向から目を離さない

B2B市場やB2C市場のほかにも、企業が政府や自治体と取引する「B2G市場」や消費者同士で取引する「C2C市場」といったように、市場にはさまざまなバリエーションがある。肝心なことは、**市場の性格によって、マーケターが立てるべき戦略も変わってくる**ということだ。

またB2C市場のなかにも、たとえば「アウトドア市場」に「キャンプ市場」が内包されていたり、「アウトドア市場」と重なり合う形で「旅行市場」があったりするように、市場を細かく切り分けたり、切り口を変えたりすることで、無限に増やしていくことができる。あるいは、「アウトドア市場」のなかから「山ガール市場」が創出されたように、マーケティングによって新たな市場をつくり出すこともできる。

自社がどのような市場に位置しているのか、そしてどういった市場を切り開いていくべきなのか……といったことを意識すれば、市場分析もより深みのあるものになる。また、昨今はB2C市場で存在感を示していた大手メーカーがB2B市場に軸足を移すケースが増えているように、自社を取り巻く環境によっては、いまいる市場から別の市場へとシフトしていく展開についても考える必要があるだろう。

このように市場の多様性を理解したうえで、市場の繁栄、衰退、創出、消失、変化といった動きに目を向けるのが、市場をつかむ第一歩となる。

CHAPTER 2-02

市場分析の3つの要をおさえる

マーケティングの基本となる3C分析

顧客、競争相手、自社が分析の対象

マーケティングにはさまざまな環境分析の手法があるが、**市場を分析するときに欠かせないのが3C分析だ**。3C分析は、顧客(Customer)、競争相手(Competitor)、自社(Company)の頭文字から名付けられた言葉で、それぞれ次のような視点を持っている。

①顧客の分析……年齢、性別、所得といった顧客データのほか、商品を購入した回数や購入した場所、利用シーンなどにも着目する

②競争相手の分析……自社とライバル関係にある企業の現状を調べ、今後の動向を探る。また、新たにライバルになり得る企業にも注目する

③自社の分析……自社の得意分野やノウハウ、経営資源に加え、現状の市場シェアや知名度も考えて、市場における強み・弱みを探る

顧客の分析と競争相手の分析は「外部環境分析」、自社の分析は「内部環境分析」と分類できる。本章では外部環境分析を主に取り上げ、自社の分析は次章で詳しく説明する。

〈顧客、競争相手、自社に注目する〉

●市場をつかむ手がかりになる3C分析

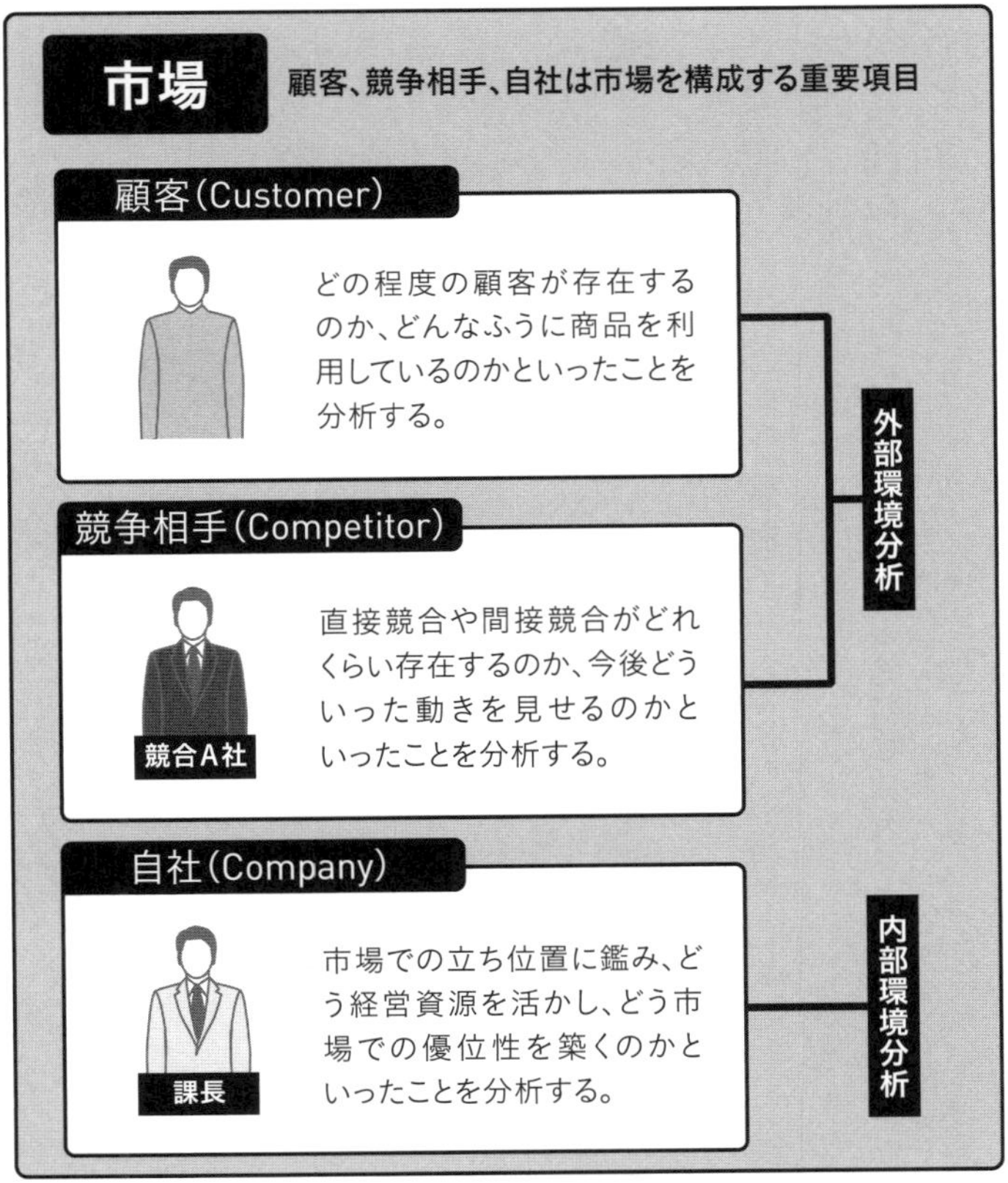

顧客、競争相手、自社の3つの視点から市場を見れば、多角的な分析が可能になる。内部環境だけではなく、外部環境にもしっかり目を向けたい。

CHAPTER 2-03

自社を取り巻く脅威をチェックする

垂直的競争と水平的競争に着目した5F分析

取引先や顧客も脅威になり得る

外部環境を分析する際に参考になるのが、マイケル・ポーターが提唱した5F分析だ。5Fとは「ファイブ・フォース」を略した言葉で、文字通り企業を取り巻く5つの力をあらわしている。5つの力の概要は次の通りだ。

① 現在の競合企業……自社と競合企業の敵対関係
② 新規参入業者……新しく同じ業界に入ってくる競合の脅威
③ 代替品……いまある商品に取って代わる製品、サービスの脅威
④ 売り手……原材料の供給業者や輸入代理店の交渉力
⑤ 買い手……顧客や消費者の交渉力

5F分析は、左の図のように垂直的競争と水平的競争に大別できる。3C分析で取り上げた「競争相手」はまさに垂直的競争に該当するが、買い手や売り手といった水平的競争を仕掛ける新しい要素にも注目してほしい。次のページで詳しく解説していこう。

〈5F分析の概要〉

●垂直的競争と水平的競争の二軸で整理する

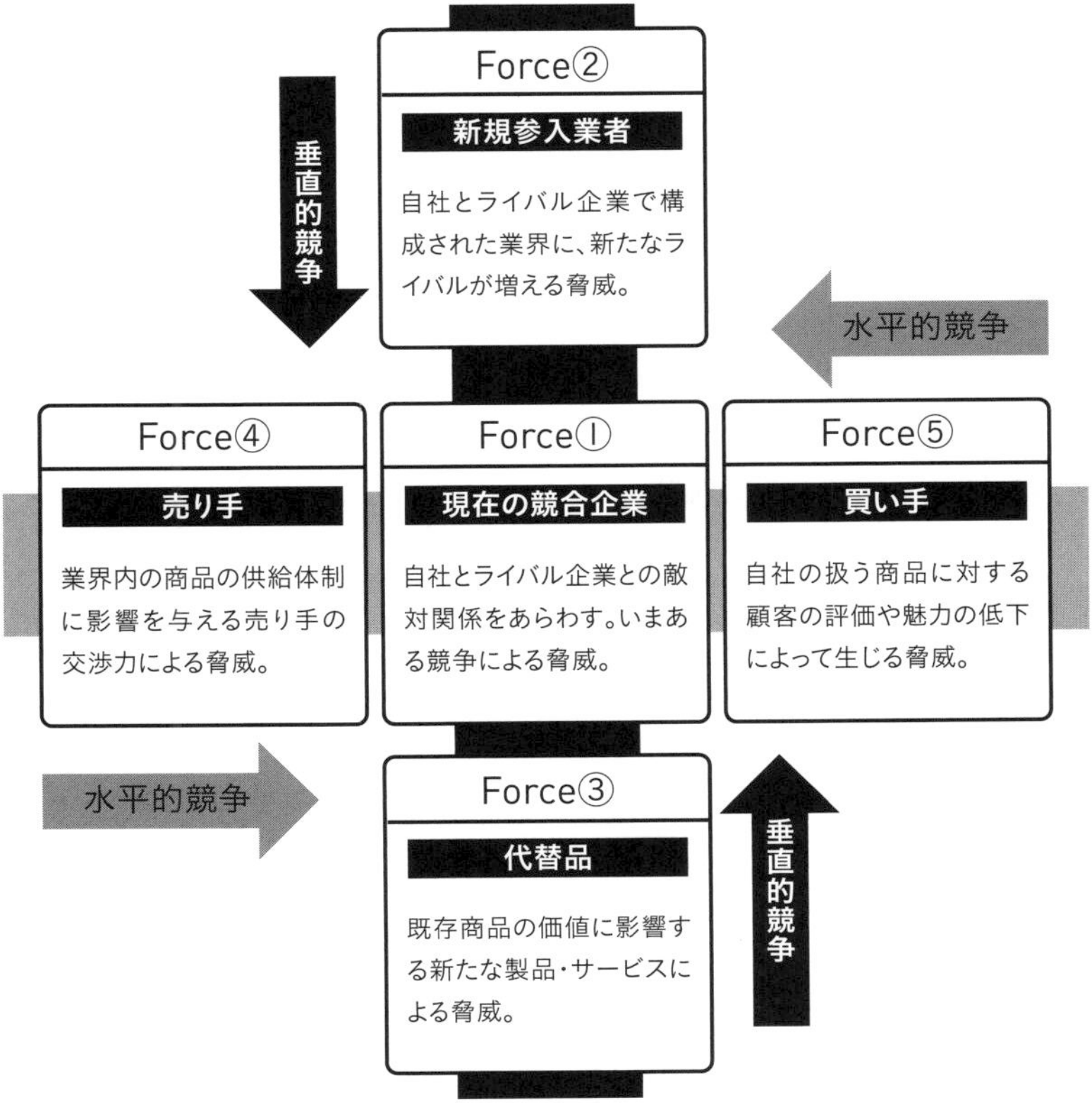

自社や「現在の競合企業」などで構成された業界は、水平的競争、垂直的競争の影響を受けながら力関係を変化させていく。

新規参入や代替品が脅威となる垂直的競争

5Fの1つめ、「現在の競合企業」は、業界内の競争業者との敵対関係をイメージすればわかりやすい。たとえば同じ業界で同様の商品を展開している競合企業がいる場合は、価格を下げたりキャンペーンを展開したりして他社より優位に立とうとする力が働く。業界内の競争が激しくなることは、消費者にとっては値下げやサービスの充実などメリットが大きいが、企業にとっては利益が減る傾向にある。ただ、脅威といっても必ずしもマイナスになるわけではなく、**たとえば競争によってサービスが充実し、新たな顧客を呼び込むことで業界内が活性化するケースもある**ことは見逃せない。

「現在の競合企業」に垂直的競争を仕掛けてくるのが「新規参入業者」と「代替品」だ。新規参入業者は、異業種からの参入のほか、新しく立ち上がったベンチャー企業や海外からの参入も含まれる。新規参入業者の脅威は、参入障壁の高さによってその度合いが変化する傾向にある。参入障壁が低い業界ほど、新規参入業者の脅威が大きくなり、業界全体の利益が落ち込みやすくなる。

「代替品」は、いまある製品、サービスに取って代わる脅威だ。単なる改良品だけではなく、イノベーションを伴うような革新的な商品も大きな脅威となる。たとえば一時期、驚異的な普及率の伸びを見せたパソコン、スマートフォンやタブレットの台頭により勢いを失った事実は、代替品の脅威を如実にあらわしている。

「売り手」と「買い手」がカギを握る水平的競争

続いて水平的競争を見ていく。まず「売り手」だが、これはメーカーに部品やパーツを供給する業者や、小売店のために商品を輸入する代理店などが該当する。一般的に売り手にとって自社は顧客になるため、優位な関係になるとイメージする人が多いだろう。しかし、売り手がほかには真似のできない革新的な技術を確立したり、人気商品を一手に扱う権利を得たりすると、こちらはそれを「売ってもらう立場」となり、売り手の脅威は大きくなる。自社が売り手と独占的な取引をしていると脅威をコントロールしやすいが、ライバル企業にも商品を卸しているような売り手の場合、その影響はより大きくなるだろう。たとえば他社に人気商品を独占的に卸す……ということになれば、自社の売り上げ減に直結するような脅威になりかねない。

一方、「買い手」は自社にとっての顧客となる。ある意味、売り手と逆の傾向があるともいえ、たとえば自社がライバル企業には真似できないような商品を手掛けている場合は、買い手の交渉力は低下するだろう。一方で、現在の競合企業が多い場合や、差別化するのが難しい商品を扱っている場合は、買い手の交渉力は高まる傾向がある。

このように、**現在の競合企業との敵対関係のみならず、新規参入業者、代替品、売り手、買い手といった脅威がどのような影響を及ぼすのか、ということも含めて市場を分析していく**必要がある。

CHAPTER 2-04

社会の動きを分析する

マクロ環境を読み解くPEST分析

世の中を動かす4つの要素

企業の外部環境は、ミクロ環境とマクロ環境に大別することができる。ミクロ環境は顧客や取引業者など、自社に直接的に影響する要素を指す。たとえば5F分析の売り手や買い手など、自社がどう働きかけるかで関係の変化を促せるものがミクロ環境に該当する。

一方、マクロ環境は景気の動向や流行、規制緩和など、個別の企業単位に留まらず、社会に大きく影響するような要素を指す。マーケティングには、このマクロ環境の分析も欠かせない。マクロ環境を代表する4つの要素を分析する手法を「PEST分析」という。

PEST分析は、政治(Politics)、経済(Economy)、社会(Society)、技術(Technology)の頭文字をとった言葉で、世の中の動きに対しバランスの良い視点をもたらしてくれる。IT企業が技術革新(Technology)の情報に精通するように、自社が扱う分野にかかわる要素には自然と目が向くものだが、たとえば規制緩和(Politics)による新たな技術の誕生など、**4要素にバランス良く目を凝らしてこそマーケティングが生きてくる**場合も多い。

〈PEST分析の概要〉

●政治、経済、社会、技術が自社に及ぼす影響を読み解く

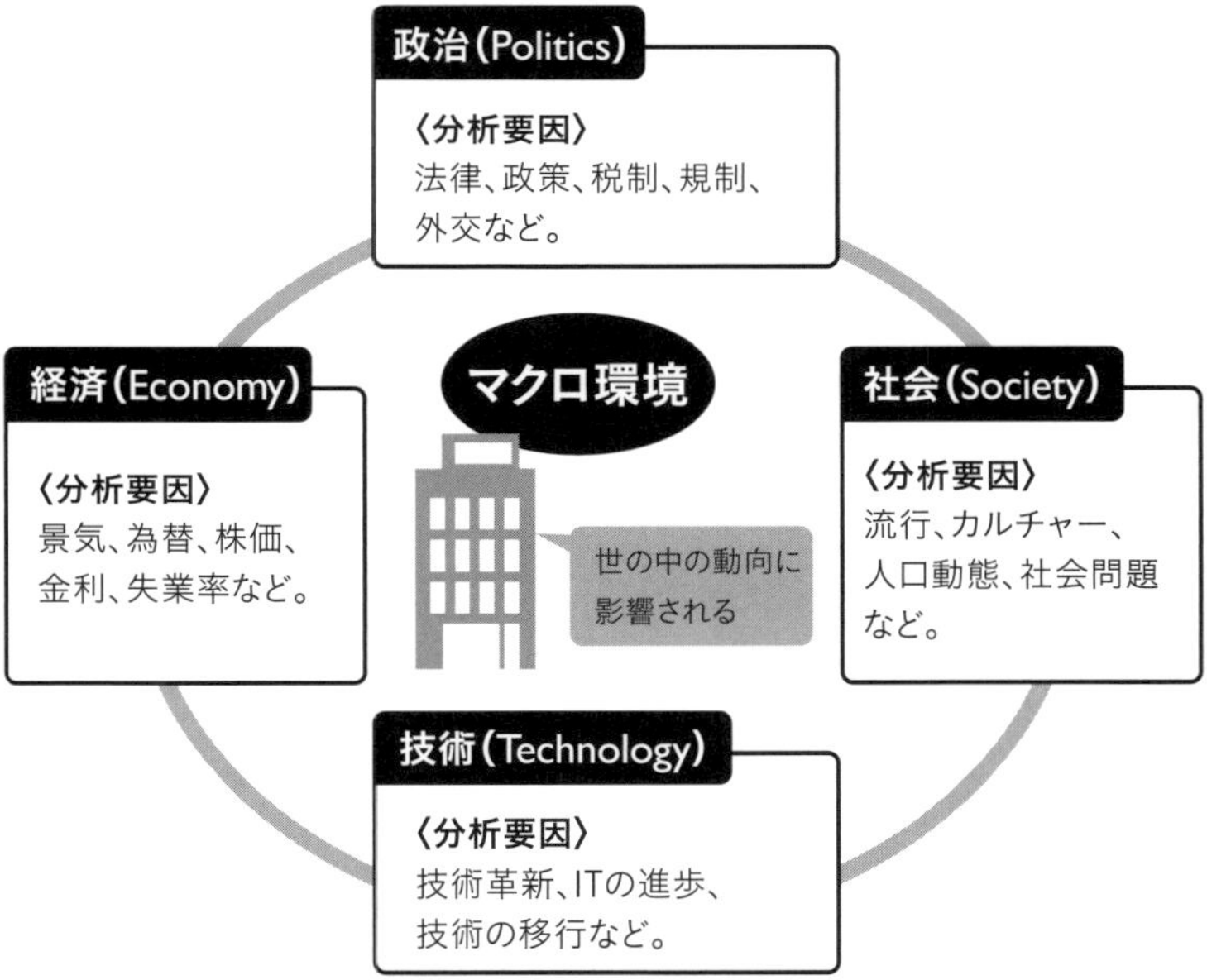

＜ミクロ環境とマクロ環境の違い＞

ミクロ環境	マクロ環境
自社に直接的に影響する要素	社会全体に影響する要素
▼	▼
自社の働きかけで変化を促すことができる。	一企業ではどうにも動かせない場合が多い。

「政治」「経済」「社会」「技術」に注目する

ＰＥＳＴ分析の「政治」「経済」「社会」「技術」をもう少し詳しく解説していこう。

まず政治は法律、政策、税制、規制、外交などが該当するが、たとえば新条例の施行や規制緩和などはビジネスチャンスにつながりやすい。規制緩和でこれまで参入が難しかった分野に進出したり、新たなサービスを生み出したりと、マーケティングの出番になることも多いだろう。**自社と関係が深い分野だけではなく、これまでかかわりが薄かった分野にも視線を注ぐことが大切だ。**

次に経済は景気、為替、株価、金利、失業率などが該当し、たとえば低金利時代における新しい金融商品の開発なども経済を考慮したマーケティングといえる。なにより景気動向が消費に直結することは、マーケティングの検討事項として欠かせないだろう。海外との取引がある企業では為替動向からも目を離せないはずだ。

３つめの社会は、流行、カルチャー、人口動態、社会問題などが該当する。人々のライフスタイルやブームにあわせた商品開発が重要なのはもちろん、少子化や高齢化といった人口動態の変化も、先を見越したマーケティングが求められるだろう。

最後の技術については、近年のＩＴ技術の進歩を目の当たりにしている私たちにとっては、改めて論じるまでもないだろう。日進月歩のＩＴ技術をはじめ、さまざまな新技術の登場に常に目を光らせておかなければ企業の未来はない。

PEST分析をどう活用するか

では、実際にマーケティングでどのようにPEST分析が活用されているのだろうか。

たとえば飲食店においてユッケなどの生肉を提供することが規制されてから久しいが、ユッケ風の代替食品が好評を博すなど、肉の生食の根強いニーズを読んだ新商品が生まれている。また、肉料理にこだわりを持つ店では、「生食用食肉に関する規格基準および設備基準」を満たすなどして生肉の提供を実現し、規制を差別化に結びつけたケースもあった。

飲食店を展開する企業では、経済的要因も業績に大きく影響する。輸入に頼る食品は為替の変動に仕入れ値が大きく左右され、メニュー展開も景気動向によって変化させなければならない。値下げによる集客だけではなく、あえてプレミア感のある価格を設定する手もあるだろう。

社会においては、たとえば「おひとりさま女子」の出現により、女性ひとりでも気軽に利用できる飲食店が増えた。あるいは女子会のニーズをうまく取り込んだ飲食店もあるだろう。

技術については、タッチパネルで気軽に注文できたり、スマートフォンを使って簡単に予約できたりするようになったほか、食品トレーサビリティによる安全性のアピールも新たな付加価値といえるだろう。

PESTの4要素を分析する際、一見自社にとってネガティブに思えることも少なくないが、**規制強化を新たな付加価値に変えるなど、柔軟に発想することを心がけたい。**

CHAPTER 2-05

マーケティングの3要素を整理する

基本概念となるSTP

セグメンテーション、ターゲティング、ポジショニングで整理

市場環境を分析しながら具体的な戦略を練るときに役立つのが、セグメンテーション（Segmentation）、ターゲティング（Targeting）、ポジショニング（Positioning）の3要素で構成される「ＳＴＰ」という概念だ。３要素の概要を次に示す。

①セグメンテーション……市場を細分化する
②ターゲティング……自社がアプローチする顧客を設定する
③ポジショニング……細分化した市場での立ち位置を明確にする

市場環境や消費者のニーズを明らかにしたあと、**このＳＴＰの概念を使い、どのような市場で、どのような顧客にアプローチし、どのように製品やサービスを展開していくかを決める**わけだ。ＳＴＰはマーケティングの基本概念ともいえるもので、これによりマーケティング戦略の大枠を決定したあと、32ページで紹介したマーケティング・ミックスなど具体的な施策を実行していく。

〈マーケティングの流れとSTPの概要〉

●STPは戦略の核となる重要手順

リサーチをおこなう

市場の環境や消費者のニーズをつかむ。

▼

STPを実行する

① セグメンテーション

市場を細分化する。

② ターゲティング

細分化した市場のなかで、自社がアプローチする顧客を設定する。

③ ポジショニング

①と②で特定した市場や顧客に対する展開を明確化する。

マーケティング戦略の大枠が決まる

▼

マーケティング・ミックス

4Pや4Cの概念を活用し、STPで決めた事柄をどのように具現化するかを検討する。

リサーチによって消費者のニーズをつかんでも、そのすべてに応えることはできないため、STPを活用して対象をしぼることが重要になる。

市場を細かく切り分ける

セグメンテーションの4アプローチ

さまざまな切り口がある

消費者のニーズは年々多様化しており、たとえばシャンプーひとつをとっても、髪を美しくしたいのか、抜け毛を予防したいのか、あるいは白髪を目立たなくしたいのか……といった具合に、さまざまな市場に細分化される。**市場を細分化することは、経営資源が限られている企業にとって、より規模の大きな企業と戦う際の有効な手立てとなる。**たとえば、シャンプー全体ではなく、抜け毛予防に特化した市場に集中的に広告を実施することで、上位企業を出し抜くこともできるだろう。

市場細分化にはさまざまなアプローチがあるが、基本となるのが年齢や性別を切り口にする「人口動態細分化」、居住地域や気候条件などを切り口にする「地理的細分化」、顧客層の価値観やライフスタイルを切り口にする「サイコグラフィック（心理的要因）的細分化」、そして顧客が商品を利用する機会やロイヤリティを切り口にする「行動による細分化」の４つだ。次のページから具体的に説明していこう。

〈セグメンテーションの概要〉

●なぜ細分化が必要なのか？

大きな市場

どの層に
アプローチする
のかぼやけて
非効率的になる

細分化された市場

アプローチする層が
明確になり、資源を
効率的に投入できる

どのような切り口で細分化するのか？

人口動態細分化

- **年齢**　「若年か、高齢か」「成人しているか」
- **職業**　「就労しているか」「どんな職種についているか」
- **所得**　「多いか、少ないか」「平均年収をクリアしているか」

地理的細分化

- **地域**　「国内か、国外か」「関東か、関西か」
- **人口**　「顧客が多いか、少ないか」「都市か、郊外か」
- **気候**　「暑いか、寒いか」「寒暖の差は大きいか」

サイコグラフィック的細分化

- **価値観**　「贅沢か、倹約か」「流行に乗りやすいか」
- **ライフスタイル**　「余暇はどう過ごしているか」
- **社会階層**　「どのような地位にあるか」「裕福か、中流か」

行動による細分化

- **使用機会**　「いつ商品を使うか」「日用品か、特別な品か」
- **使用頻度**　「ヘビーユーザーか、ライトユーザーか」
- **使用タイプ**　「初回購入者か、リピーターか」

4つの細分化の技法を使い分ける

それでは、市場細分化の4つのアプローチについて詳しく見ていこう。

まず人口動態細分化は、セグメンテーションの手法として、もっとも使われやすい。**年齢や性別のほか職業や所得、ライフステージなどによって細分化されるため、消費者のニーズに結びつきやすい切り分けが可能だ。**たとえば性別では女性向けの食事メニューといった切り分けが可能だが、ライフステージにも着目して、妊娠中の女性におすすめの健康食といったさらなる細分化もできるだろう。

地理的細分化は国や地域、人口密度、気候などで切り分ける手法だ。たとえば暑い時期に人がたくさん集まる場所で、氷点下まで冷やしたビールを提供するバーを期間限定でオープンするのも、地理的細分化の考えを活かしている。

サイコグラフィック的細分化は個人の価値観、ライフスタイル、あるいは社会階層などを切り口とするが、たとえば余暇には多少出費があっても贅沢を楽しみたい層に向けた、ワンランク上の旅行プランなどが当てはまるだろう。

最後に行動による細分化だが、これは顧客が自社商品にどんな思いを抱いていて、どのようにアプローチしているか、という観点で切り分ける。たとえば毎年、母の日に自社の特定のギフトを贈ってもらえるように商品を企画するといった具合だ。なお、**行動による細分化は、ブランドに対する愛着も大きく影響する**ことを付け加えておく。

細分化のメリットとデメリット

以上のような市場細分化は、マーケティングにおいてより消費者のニーズに沿った商品を届けることができ、また消費者からの要望や意見についても対応がしやすくなるというメリットがある。

たとえば宅配弁当という分野でも、高齢者向けの弁当専門という細分化をおこなうことで、味付けはしっかりしていても塩分は控えめ、栄養バランスも優れた弁当を提供でき、さらに顧客サポートとして専門の栄養士による相談窓口をおくこともできるかもしれない。一方で、細分化によってメニュー開発にコストが掛かったり、地域別の需要に大きな差が出たりすることもあるだろう。

そこで、細分化を検討する際に、コストに見合う十分な市場規模があるかどうか、という点はチェックする必要がある。場合によっては、高齢者から中高年以上と細分化の幅を広げてみることも一考だが、それによって「高齢者向けの弁当」という独自性が薄れ、競合に対する競争力が低下する場合もあるだろう。あるいは、付近の高齢者向け施設と提携して一定のニーズを確保する、といった具合に、確実性を重視すれば、よりニッチな分野でも成功する確率は高まるはずだ。

肝心なのは、**やみくもに細分化するのではなく、市場環境をしっかり把握したうえで、ニーズをはかりながらバランスよく切り分けていく**ことだ。

CHAPTER 2-07

特定の市場に狙いを定める

自社の優位性に鑑みたターゲティング

いかに強みを活かすかが重要

セグメンテーションによる市場細分化のあとは、市場を特定するターゲティングに移る。ターゲティングでは、さまざまな要素で切り分けた市場のなかから、自社の事業内容や製品、サービスにあった市場を選び出す。このとき、**自社がどんなノウハウを持っているか、他社と比べてどういう優位性があるのか、といったことも把握しておく必要がある。**

たとえば、自社が英会話教室を展開しているとして、英語のほかにドイツ語も堪能な講師が多いとしよう。この場合、「英語の講師」という経営資源にとらわれず、「ドイツ語の講師」という視点で人材を見ることができれば、ビジネスパーソンのアフターファイブに特化したドイツ語教室を開くこともできるだろう。

また、ビジネスパーソンのアフターファイブ市場という切り口で見ると、たとえば17時以降で空きがちになる先方オフィスの会議室などに講師を派遣するような方法を提案できれば、教室の賃料などの固定費を抑えながらニッチ市場に参入できるチャンスとなる。

〈ターゲティングの例〉

●市場を細分化して自社が有利に戦える場所を探す！

英語とドイツ語を話せる講師がいる

×

ビジネスパーソンのアフターファイブ市場

＝

ビジネスパーソンに特化したドイツ語教室を開く！

⋮

さらに、17時以降で稼働率が下がった先方オフィスに出向き固定費圧縮！

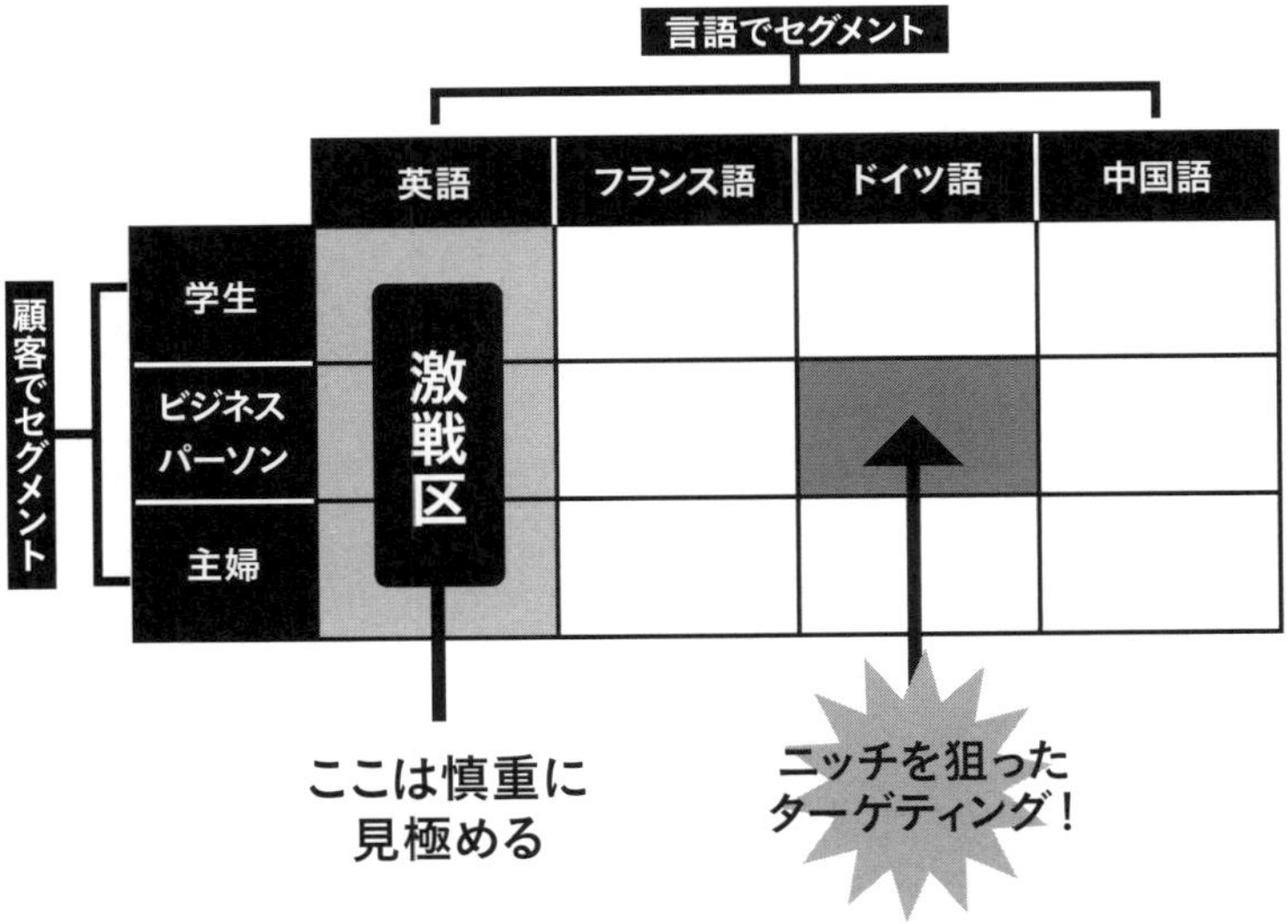

自社の経営資源やノウハウを検討し、それらを活かせる市場を探し出すことが大切。場合によっては、より経営資源を活かせるように細分化していく。

ターゲティングにもさまざまなパターンがある

セグメントした市場に実際に参入するか否かの決断をする際は、市場の成長性についても検討しなくてはならない。ＳＴＰは比較的ニッチな分野にも適合しやすい手法だが、現在の市場規模と将来の成長性をあわせて考えることは不可欠だ。また、５Ｆ分析のように、その市場に存在する脅威についても検討を重ねる必要があるだろう。

そして、いざ参入が決まっても、ひとつのセグメントだけにこだわる必要はない。ＳＴＰを提唱したコトラーによると、ターゲティングには、ひとつの製品をひとつの市場に投入する「単一集中」のほかにも、ひとつの製品を複数の市場に投入する「製品集中」や複数の製品をひとつの市場に投入する「市場集中」といったパターンがある。また、この方法をとれる状況は限られてくるだろうが、複数の製品を複数の市場に投入する「選択的特化」やすべての製品をすべての市場に投入する「フルカバレッジ」という方法もある。

肝心なのは、**セグメントした市場にこだわりすぎず、その隣に存在する市場や、類似の要素を持つ市場、あるいは自社の経営資源の違う部分にも目を向けて、できる限り可能性を広げる発想をする**ことだ。場合によっては、セグメントの切り口を見直して、新たに細分化のパターンをつくってみてもいいだろう。

左の図のように、セグメンテーションとターゲティングには、さまざまな可能性があることを忘れないでほしい。

〈セグメンテーションとターゲティング〉

●ひとつの製品をひとつの市場に投入するとは限らない

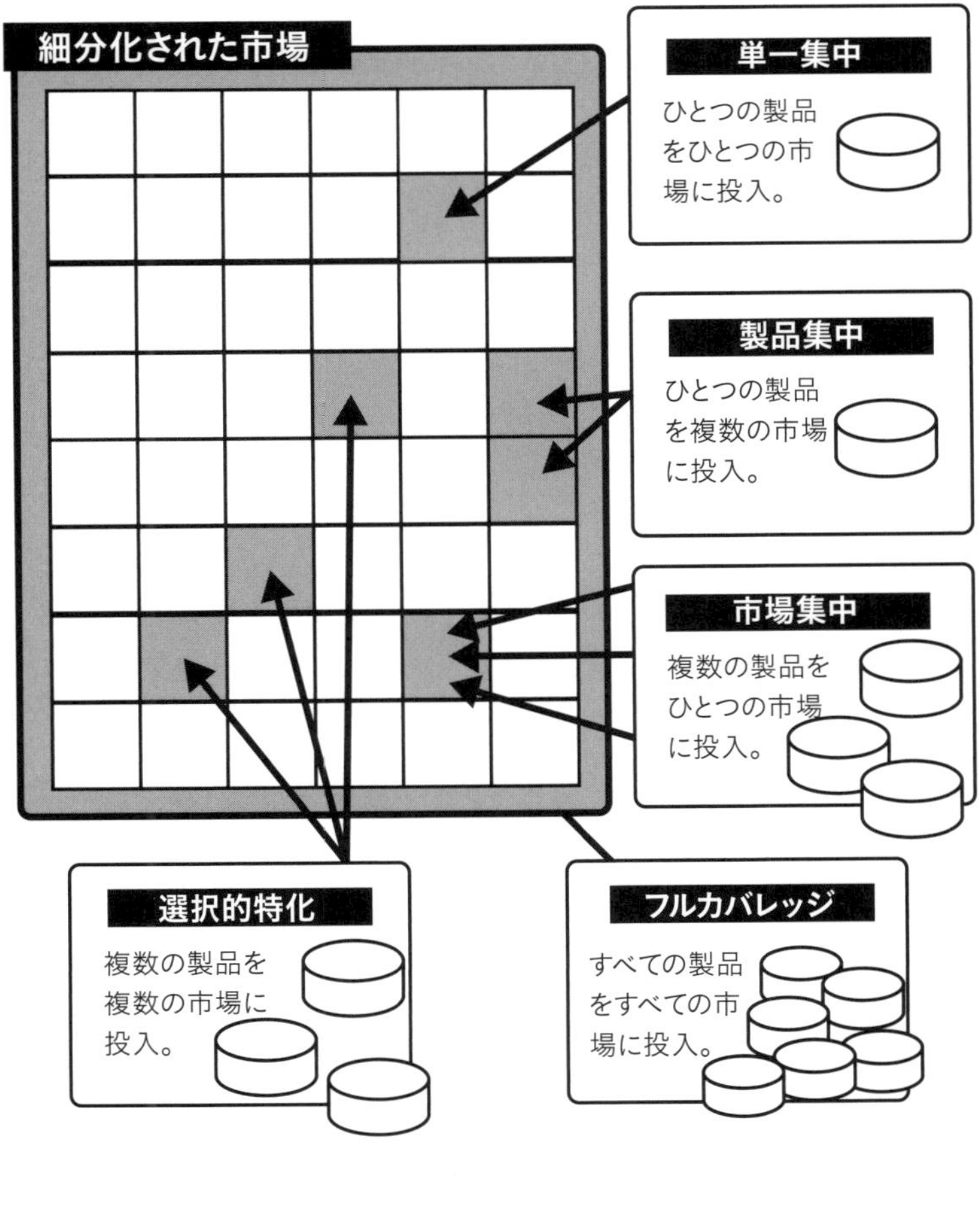

CHAPTER 2-08

自社の立ち位置を明確にする

二軸で考えるポジショニング

マップをつくれば他社との関係性もつかめる

どの市場に参入するべきかが明確になれば、いよいよ市場での立ち位置を決めるポジショニングをはじめる。ポジショニングの手法としては、左ページの図のように、二軸のポジショニングマップで検討すると、自社の立ち位置が見えてくる。二軸には「高価格か低価格か」「若年層向けか、中高年向けか」といったふうに、対になるようなキーワードを設定するとわかりやすい。このキーワードは扱う商品によって異なるが、2つのキーワードにこだわらず、さまざまなキーワードを使っていくつものポジショニングマップをつくれば、そのぶん発想が広がっていく。キーワードの設定においては、セグメンテーションで市場を細分化したときの「人口動態細分化」「地理的細分化」「サイコグラフィック(心理的要因)的細分化」「行動による細分化」といった切り口が参考になる。

また、**マップのなかに、自社以外の競合他社も書き入れていけば、自社と隣接する位置にどの程度競合がいるか、自社の事業にどのくらい独自性があるかが見えてくる**はずだ。

〈ポジショニングマップをつくる〉

●2つの軸を設定して自社の立ち位置を探る

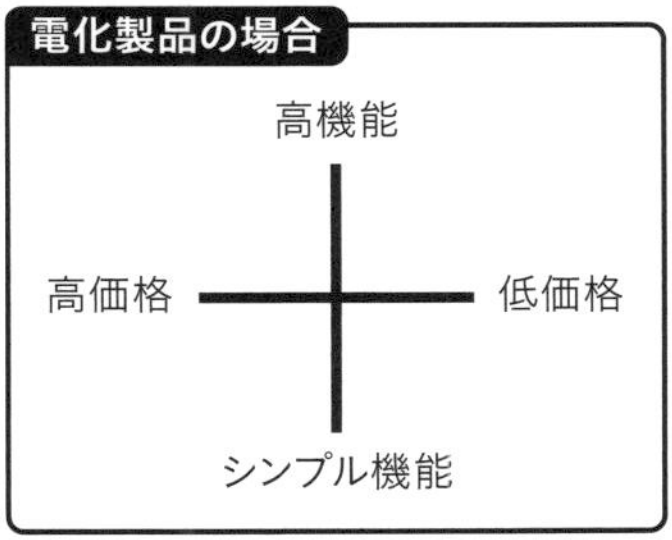

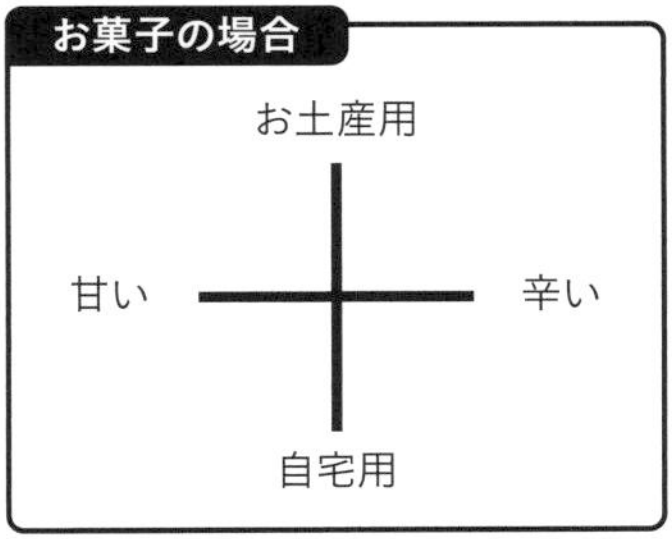

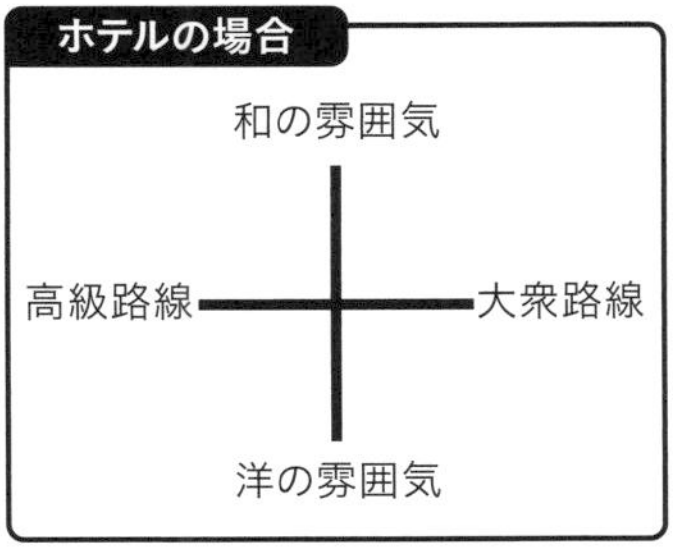

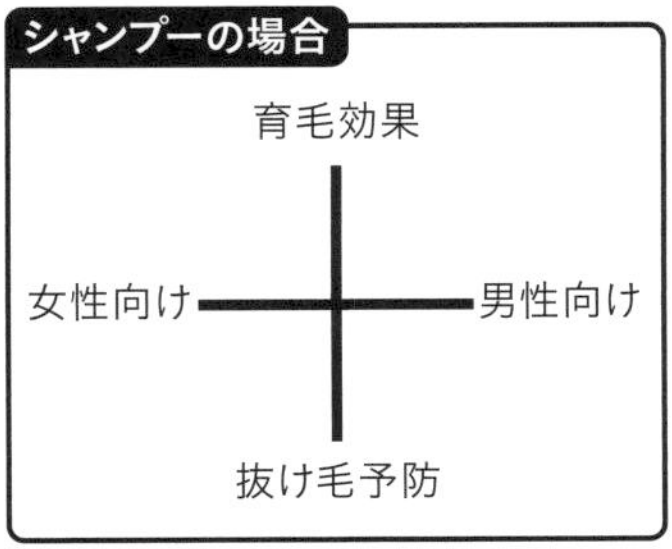

アフターファイブのオフィス街にドイツ語の講師を派遣する場合

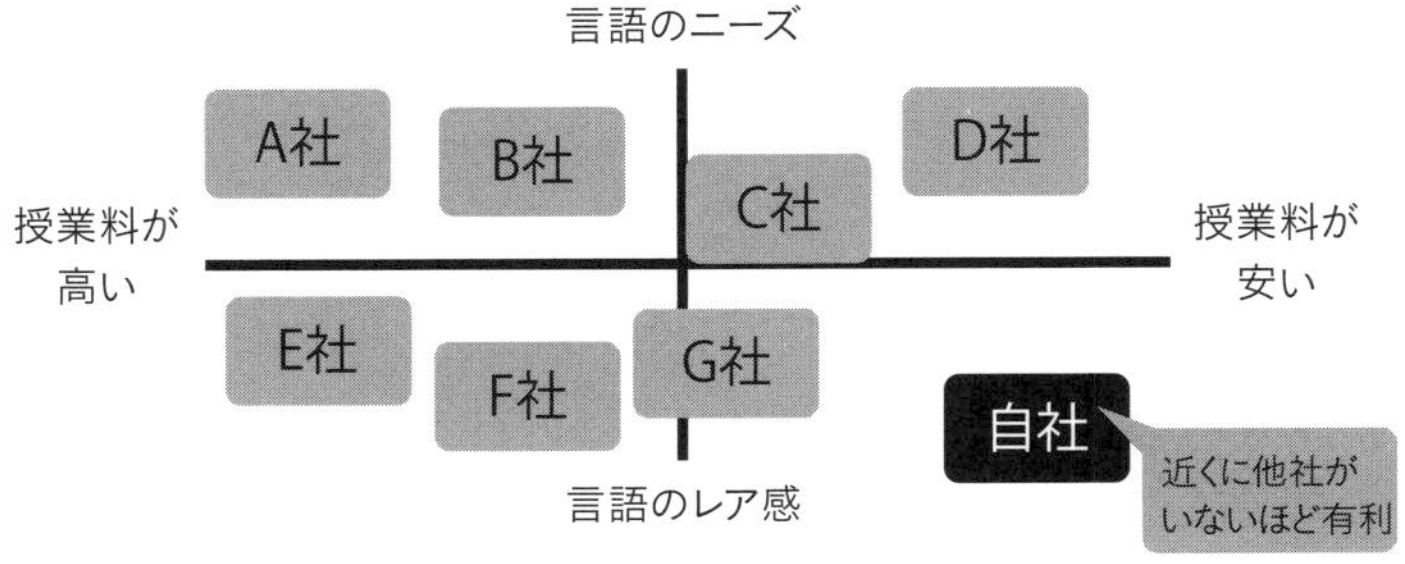

コンセプトを消費者にわかりやすく提示する

ポジショニングの要となるのは、自社の商品がいかに他社の製品やサービスと異なるか……ということを消費者に伝えることだ。**自社内だけでポジショニングを明確にするのではなく、それを顧客や市場にも周知しなくては意味がない**のだ。

先述した「アフターファイブにオフィスの空きスペースでドイツ語が学べる語学教室」といった例にしても、これだけではなかなか消費者の心に響かない。たとえば、「ドイツ語の講師が都内でもっとも多い」「顧客のオフィスに出向くため、教室の賃料が必要なくなり、授業料に還元できる」「顧客も教室に通うコストがかからない」といった強みやコンセプトを前面に打ち出す必要がある。

製品やサービスを提供する側から見れば独自性が強くても、それが消費者に伝わらなければ多数に埋もれてしまう。消費者に響くキャッチフレーズをつくるのもポジショニングの一環だといえるだろう。

ただし、やみくもにコンセプトを押し付けるのではなく、それが響く相手を選ぶのが大事だ。たとえばドイツ語の教室なら、ドイツやEU諸国と日常的に取引がある輸入業者にうまくアプローチできれば、ニッチな市場のなかでも、相手にとって代わりがきかない存在になれる可能性がある。差別化を打ち出すときのポイントとして、ターゲットにとって**差別化の内容が重要な事柄かどうか**ということは常に意識しておきたい。

他社の商品とどう差別化するか

差別化ができていない商品は、往々にして価格競争に陥りがちになる。せっかく新しい市場を切り開いても、後から参入してくる大企業に模倣されるなどして、結局は追い抜かれてしまうことが多い。模倣されにくい商品を生み出すためには、自社の経営資源やノウハウ、強みなどを棚卸しすることが有効だ。

模倣されにくい商品とは、なにも他社が真似できないものに限るわけではない。たとえば技術的には他社が模倣できる製品でも、素材を集めるルートに勝っていれば、それだけ安いコストで製品を生産できる。模倣をするか、しないかの判断は収益性による部分が大きい。ニッチ市場で収益をあげている中小企業の商品などは、大手企業にとってはそれほど旨味がないため、模倣が見送られ長期間にわたり放置される場合もある。

ただ根本的には、模倣ができないほど卓越している商品がもっとも望ましいことには違いない。**差別化を突き詰めて、卓越の域にまで達した商品は、その市場において新たなスタンダードになれる可能性もある**だろう。

このように、一口にポジショニングといっても、どういった位置をとるかは、企業の経営資源や扱う商品によってさまざまだ。場合によっては、市場シェアに応じてポジショニングを決めるというアプローチもある。次のページから詳しく説明しよう。

ポーターの4分類を活用する

ハーバード大学のマイケル・ポーターは、①マーケット・リーダー、②マーケット・チャレンジャー、③マーケット・フォロワー、④マーケット・ニッチャーという4つの視点からのポジショニングを見出した。それぞれの概要は次の通りだ。

①マーケット・リーダー……市場全体を掌握する立場
②マーケット・チャレンジャー……①と差別化をはかって市場で存在感を示す立場
③マーケット・フォロワー……①や②の模倣をおこなったり、取りこぼしを狙ったりする立場
④マーケット・ニッチャー……①、②、③の立場と競合することなく、小さな領域に経営資源を集中させる立場

潤沢な経営資源を持つ企業ならば、大きな市場に多くの商品を低価格で投入し、市場を掌握するマーケット・リーダーの立場も狙える。一方、経営資源が限られている企業は、ほかの立場の企業と正面からぶつからず、自社の経営資源をフルに活かせる領域に注力することで生き残りをはかれるだろう。**このように企業の規模や経営資源、そして市場のシェアなどを考慮すれば、どのようなポジショニングをおこなえばいいのかが見えてくる。**もちろん、最初はマーケット・ニッチャーの立場でも、ニッチな分野から徐々にシェアを高めていくことでほかの立場を狙うこともできるはずだ。

〈ポーターのポジショニング〉

●経営資源と市場シェアのバランスでポジションを決める

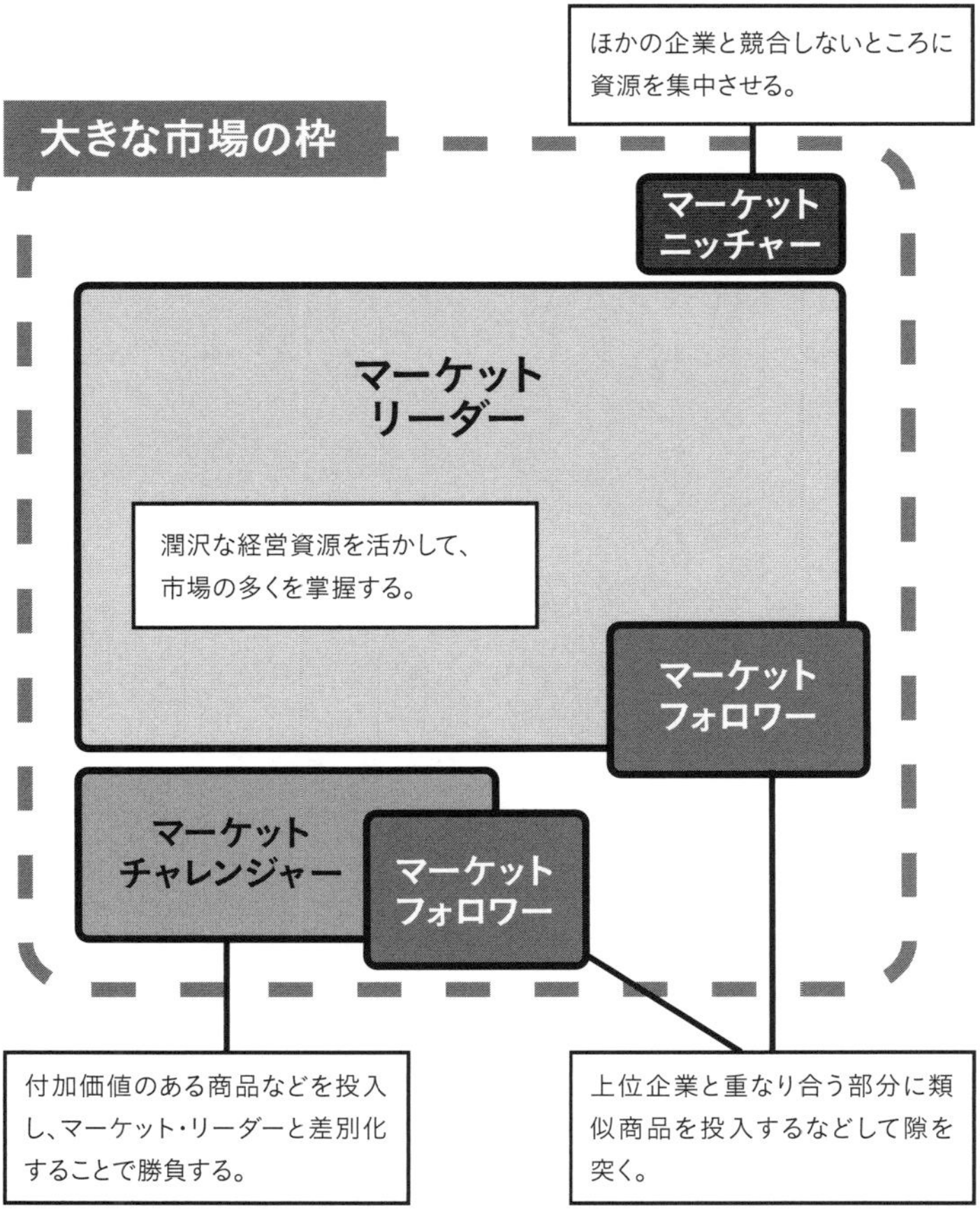

CHAPTER 2-09

市場シェアによって戦い方を変える

弱者の戦略と強者の戦略

クープマンモデルを活用する

市場シェアをもとに自社がどう戦うかを分析するには、軍事理論として有名な「ランチェスターの法則」をもとに生み出された「クープマンモデル」をマーケティングに応用する方法も効果的だ。

一連の理論からは、「弱者の戦略」と「強者の戦略」が見出されている。弱者の戦略は、強者に真っ向から勝負を挑まずに、強者の手薄な市場に自社の経営資源を集中的に投下する局地戦や接近戦をとることを指す。**特定の事業に特化して差別化戦略を打ち出し、相手の戦力が手薄な市場から切り崩していく**という発想だ。大企業があえて進出しないニッチ市場での戦いもこれに含まれるだろう。

一方、「強者の戦略」は自社の豊富な経営資源にものをいわせて、競合他社と同様の製品やサービスを市場に投下する追随戦略で圧倒することが基本となる。**局地戦や接近戦は極力とらず、広告戦略や販売網で競合を駆逐してシェアを拡大していく**という発想になる。

〈弱者の戦略と強者の戦略〉

●市場シェアや経営規模によって戦い方は異なる

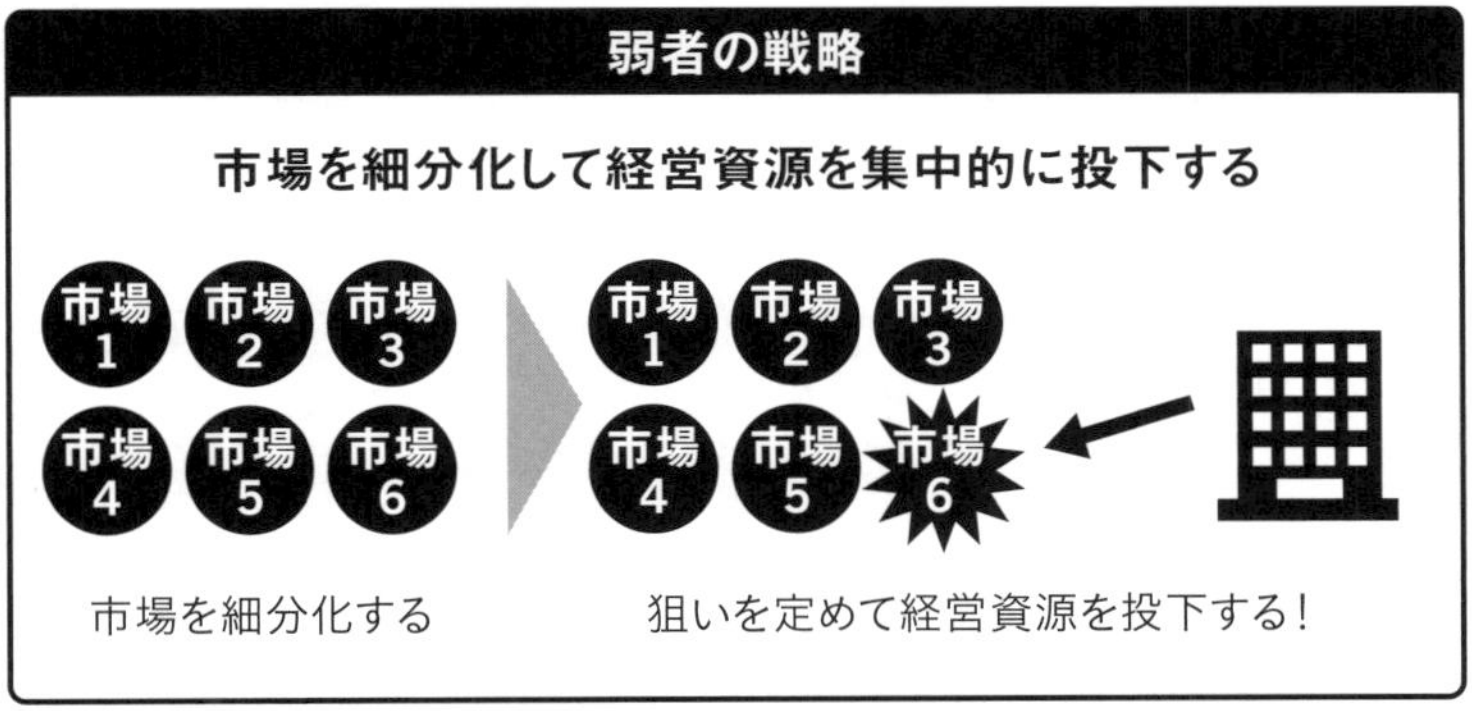

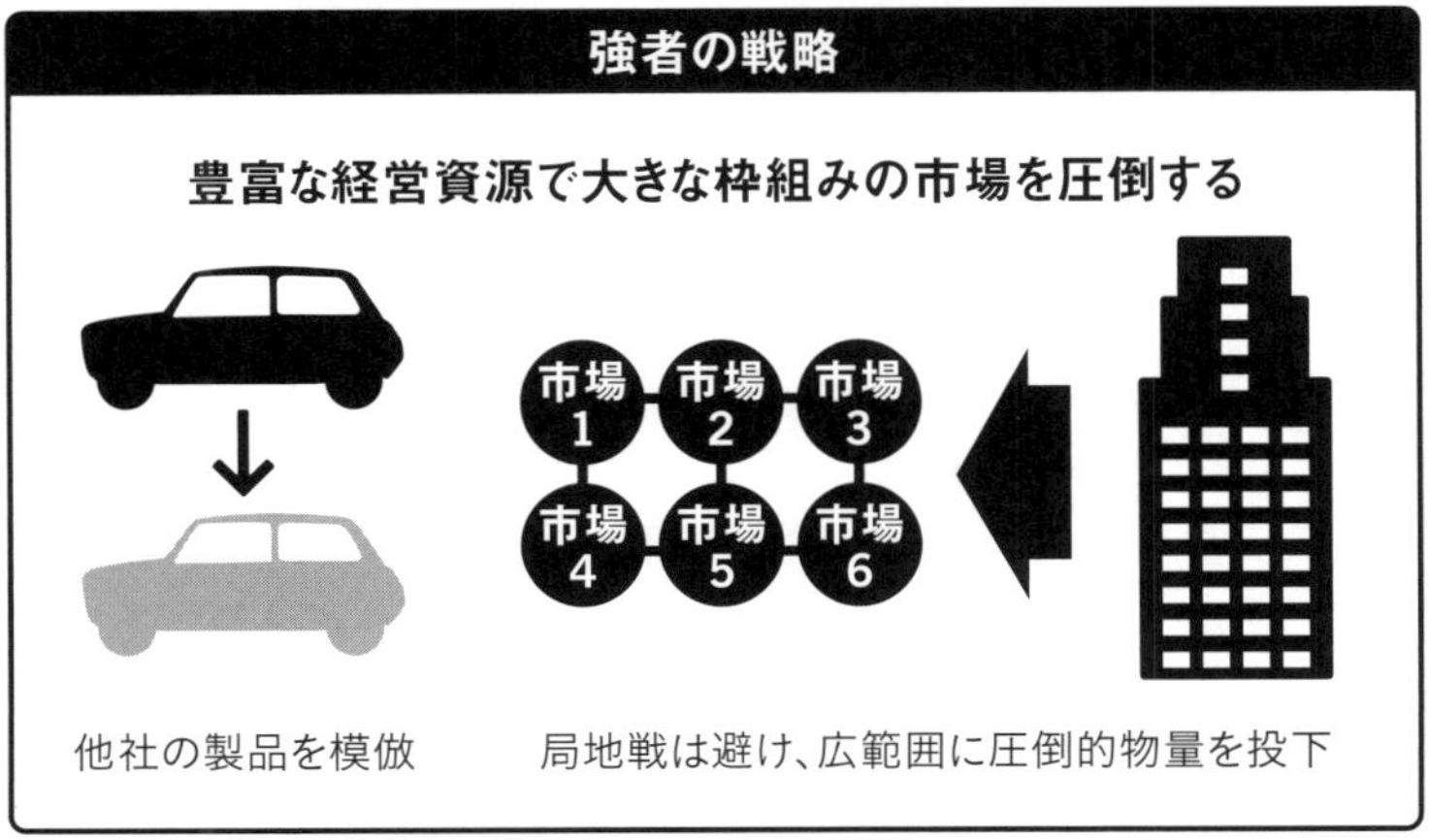

弱者にも強者にも、それぞれの市場シェアや経営規模にあった戦い方が存在する。その戦略は対照的だが、戦い方によっては弱者が強者を切り崩すことも少なくない。

トップを狙える市場シェアとは？

市場シェアごとの戦い方は、もっと細かく整理することもできる。たとえばクープマンモデルは「クープマン目標値」として、「独占的市場シェア(73・9％)」「相対的安定市場シェア(41・7％)」「市場影響シェア(26・1％)」「並列的競争シェア(19・3％)」「市場認知シェア(10・9％)」「市場存在シェア(6・8％)」「市場橋頭堡《きょうとうほ》シェア(2・8％)」という7つの目標値を設定している。それぞれの概要を整理してみよう。

まず「独占的市場シェア」は、文字通り市場を独占的におさえている状態で、強者の戦略を駆使して、その地位をキープしていくような戦い方になるだろう。

「相対的安定市場シェア」も、市場において大きな影響力を発揮できる立場だ。シェアが40％を超えると独占的な状態を目指せるようになり、その座を脅かしそうな競合他社に注意を払いながら、より土台を固めていくような戦い方になることが多い。

「市場影響シェア」は、混戦から頭ひとつ抜け出したような状態だが、逆転される可能性もはらんでいる。トップとしては気の抜けない数値だが、2位以下でこのシェアを得ている場合は、トップも十分に視野に入ってくる。

さしあたって**トップの地位を狙えるのは26・1％の「市場影響シェア」までの範囲だ**。独占的市場シェアから市場影響シェアまではそれぞれ数値には開きがあるが、強者にあてはまる存在だといっていいだろう。

弱者はどう戦うべきか

続いて「並列的競争シェア」以降、いわゆる弱者にあてはまる存在の概要を見ていこう。

まず「並列的競争シェア」は、複数の企業で市場シェアが拮抗しているときに、上位のグループになんとか入れるような状態だ。弱者のなかでは比較的強い存在で、安定的な立場の企業が存在していない市場で、どのように抜け出していくかが課題となる。

「市場認知シェア」は、ようやく市場に影響力を及ぼせるレベルになった状態だ。10％前後の市場シェアは、市場に影響力を及ぼせるか否かという点で分水嶺となる。消費者や競合他社もその存在を認知しており、シェアを伸ばすごとに注目される機会も増えるだろう。

「市場存在シェア」は、市場で競合他社になんとか認知されているような存在で、影響力もほとんどない。消費者からの認知も心もとない状態で、この市場シェアを下回ると撤退も視野に入れる必要があるだろう。

「市場橋頭堡シェア」は、市場に対する影響力こそほとんどないが、なんとか足がかり（橋頭堡）は築けている状態だ。この2・8％という市場シェアが、弱者の戦略を使えるかどうかを分かつポイントになる。

以上のように、シェアによって市場での立場やとるべき戦略は大きく変わってくる。**自社の事業や製品が、どの段階にあてはまるかを把握した上で、目標値に応じた展望を描くことが大切だ。**

CHAPTER 2-10

顧客との関係性を強化する

CRMをマーケティングに活かす

顧客データや要望、意見を重視する

顧客の動向をつかむというのも、マーケティングには欠かせない作業だ。近年は顧客との関係を深めていくCRM（カスタマー・リレーションシップ・マネジメント）を実施する企業が増えている。CRMは顧客を分析する手法のひとつで、顧客の個人情報や商品が購入されたシーンのデータを収集する。会員カードの発行やポイントを貯めるキャンペーンの実施といった形で、顧客の許諾を得て情報を収集するのが基本だ。また、顧客から寄せられた要望や苦情、意見といった声も、顧客データとして活用される。このように収集した顧客データをもとに、顧客にキャンペーン情報を送付したり、特別なサービスを用意したりして、顧客とより深い関係を構築していくわけだ。

CRMを通じて自社を「特別な存在」と認知してもらうことで、ライフタイムバリュー（顧客の生涯価値）は高まっていく。**その場限りの顧客ではなく、長く付き合えるライフタイムバリューの高い顧客を獲得することが、CRMの大きな目的である。**

〈CRMでライフタイムバリューを高める〉

●さまざまな施策で、顧客との関係を深める

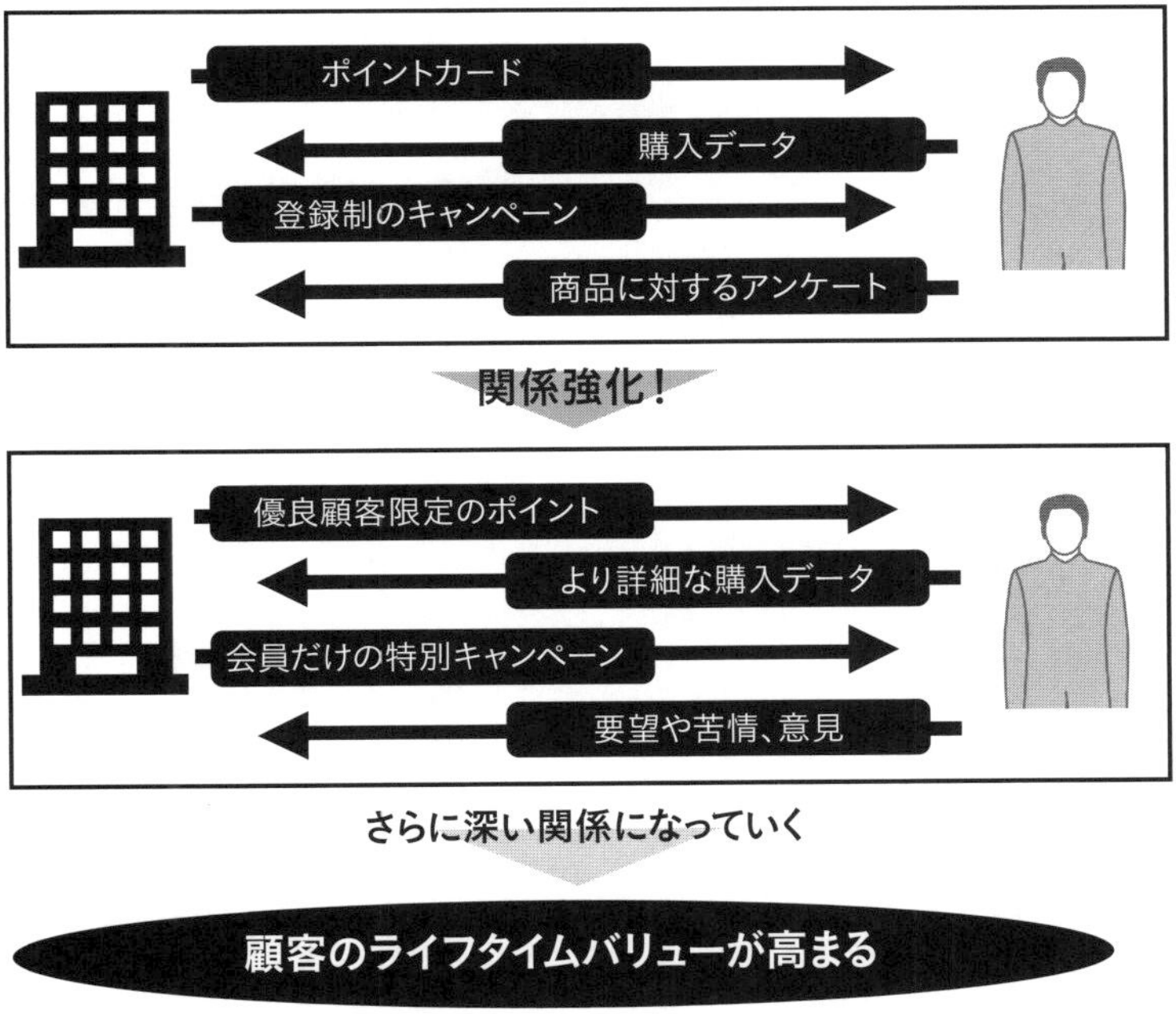

ライフタイムバリューとは?

ひとりの顧客が生涯にわたって
企業にもたらす価値

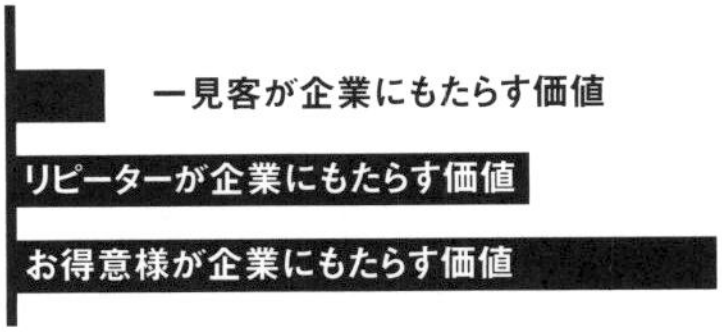

顧客によって企業にもたらす価値の総量は異なる!

「ひいき客」をどう育てるか

リレーションシップには「関係性」という意味があり、顧客との関係を深める試みは「リレーションシップ・マーケティング」として広く活用されている。たとえば航空会社のマイレージシステムやECサイトでおすすめ商品を提示するレコメンド機能もリレーションシップ・マーケティングのひとつといえるだろう。一般的に、新たに顧客を獲得するより、既存顧客にリピーターになってもらうほうが、コストが安いといわれている。また、顧客に自社の「ひいき客」になってもらうことができれば、競合他社をリードできることはもちろん、ひいき客による新規顧客の紹介も期待できる。

リレーションシップ・マーケティングは、いったん獲得した顧客をひいき客に育てることを主眼としているため、農耕型マーケティングと呼ばれることもある。一方、不特定多数にアプローチするマス・マーケティングのように、顧客を狩るように獲得する手法を狩猟型マーケティングと呼ぶが、1990年代以降は狩猟型から農耕型に転換する動きが一般的になっている。

農耕型マーケティングは狩猟型と比較して、**顧客一人ひとりに対する丁寧なアプローチが求められるが、それだけに競合他社と差別化をはかる機会にもなる**。たとえば、顧客から苦情を受けた際も、事務的な対応をとるのではなく、丁寧かつ誠実に接することで、苦情というマイナスイベントをプラスに変えることも可能になるだろう。

ライフタイムバリューを底上げする

リレーションシップの高まりは、ライフタイムバリューの底上げにも直結する。ライフタイムバリューは、ひとりの顧客が生涯でどの程度企業に価値をもたらしてくれるか、ということをあらわす指標だ。

たとえば、はじめて購入するパソコンがアップル社のMac Bookだとして、その顧客がMacを気に入ってくれれば、次に買い替えるときもiMacやMac Proといった同社製品を選択してくれる可能性が高まるだろう。また、Macと連携するiPhoneやiPadといった周辺機器を通じても、ライフタイムバリューは底上げされるかもしれない。Apple Careに代表されるサポートをはじめ、おしゃれな雰囲気が漂うApple StoreやGenius Barでの接客を通じて築かれる関係性も、ひいき客の醸成に役立つだろう。

肝心なのは、顧客との関係性を築くなかで、その顧客のライフタイムバリューがどこまで高まるかを分析することだ。いわゆる「一見客」にはさほどコストをかけられなくても、生涯にわたって利益をもたらしてくれるお得意様には、極端な話になるが**一度や二度の利用では赤字になるほどのコストをかけてもリレーションシップを強化する意味はある**。では、一見客とひいき客はどのように見分ければいいのだろうか。次のページから詳しく解説していこう。

顧客データを分析する

RFM分析で次の取引につなげる

最新購買日、累計購買回数、累計購買金額の3要素をチェック

顧客データを分析し、さまざまな施策につなげていく手法のひとつに、「RFM分析」がある。Rは最新購買日(Recency)、Fは累計購買回数(Frequency)、Mは累計購買金額(Monetary)の頭文字だ。その詳細は次の通り。

・R＝最新購買日……顧客といつ取引したか
・F＝累計購買回数……顧客と何度取引したか
・M＝累計購買金額……顧客がこれまでにいくら使ったか

具体的には、この3つの項目にそれぞれ5段階での点数をつける。3つの項目すべてに5がつくような顧客が最優良顧客であることは間違いないが、たとえばRが低くて、FやMが高い顧客は、かつては優良顧客だったが、最近は取引から遠のいている……ということが見えてくる。こういった**顧客ごとの傾向を読み解き、個々に必要な施策を打っていく**のがRFM分析のキモだ。

〈RFM分析の概要〉

●最新購買日、累計購買回数、累計購買金額に注目

最新購買日(Recency)	顧客が最後に取引した日を確認！
累計購買回数(Frequency)	顧客と取引する頻度を確認！
累計購買金額(Monetary)	顧客との累計取引金額を確認！

それぞれの項目に5段階の点数をつけ、顧客の傾向を読み解く！

R、F、Mともに高い顧客

R	5
F	5
M	5

優良顧客！

今後も良い関係を続けるべく、
特別なプランを用意するなど優遇する。

R、F、Mともに低い顧客

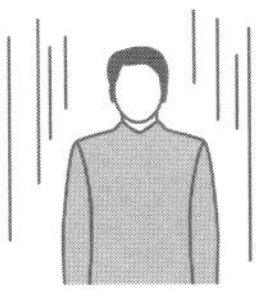

R	1
F	1
M	1

一見客

コストをかけてもあまり効果が期待
できないため、施策対象から外す。

Rが低く、F、Mが高い顧客

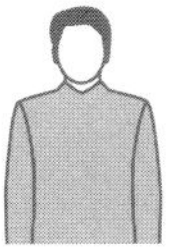

R	2
F	5
M	4

かつての優良顧客！

優良顧客の下地はあるため、
また取引がはじまるような施策を練る。

R、F、Mの数値によって、上記のように優良顧客や一見客、かつての優良顧客……
といった具合に顧客の傾向がつかめる。

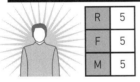

R・F・Mのバランスで顧客像が見えてくる

RFM分析は、カタログを使った通販やクリーニング店など、顧客が何度も利用する業種で多く取り入れられている。そのほか、自動車の購入など取引の回数が限られる場合もRFM分析は有効で、たとえば車検や消耗品の交換といったアフターマーケットでの利用に結びつけることもできる。

R・F・Mともに高い数値をマークしている顧客は、今後も継続的な取引をしてもらうために優遇する……ということは、誰でも想像がつくと思う。ではRとMが高く、Fが低い顧客はどうするべきか。この顧客は少ない取引で多くの金額を使ってくれたことになるため、今後も継続利用を促すような施策を練るといいだろう。また、FとMが高いのにRだけが低い顧客は、かつての優良顧客だったが、いまは足が遠のいていることが読み取れる。こういった場合は、**顧客が競合に奪われている可能性が高く、担当者の接客なども含めて、その原因を探る必要がある**だろう。

問題は、R・F・Mがすべて低い顧客だ。こういった顧客は単なる一見客であることが多く、コストをかけて優良顧客に育てようとしても、不発に終わってしまう可能性が高い。優良顧客になってもらうアプローチは大事だが、**効果が見込めないような場合は、ダイレクトメールの送付リストから外すなど、コストを削減する工夫も必要だ。**

CHAPTER 3

自社と経営資源を分析する

CHAPTER 3-01

内部環境と外部環境で自社を分析する

プラス面とマイナス面から探るSWOT分析

自社の分析をおこなう手法のひとつに「SWOT分析」がある。この手法は、自社のプラス面とマイナス面を「内部環境」と「外部環境」に整理して分析する。すると次のように4パターンの分析が可能となり、自社の「強み」「弱み」「機会」「脅威」を導き出せる。

①内部環境のプラス面を考える……自社の「強み」(Strengths)がわかる
②内部環境のマイナス面を考える……自社の「弱み」(Weaknesses)がわかる
③外部環境のプラス面を考える ……自社の「機会」(Opportunities)がわかる
④外部環境のマイナス面を考える……自社の「脅威」(Threats)がわかる

「強み」「弱み」「機会」「脅威」を導き出す

内部環境や外部環境は、「自社(の経営資源)」「消費者」「競争相手」「取引先」といったキーワードをもとに考えるとわかりやすい。たとえばプラス面から内部環境を考えると「自社には優秀な人材が揃っている(強み)」、マイナス面から外部環境を考えると「市場に強力な新規業者が参入した(脅威)」といった具合になる。

〈SWOT分析の概要〉

●内部環境と外部環境のプラス面とマイナス面を分析する

①内部環境のプラス面をチェック・・・・・「強み」(Strengths)が判明！

②内部環境のマイナス面をチェック・・・・「弱み」(Weaknesses)が判明！

③外部環境のプラス面をチェック・・・・・「機会」(Opportunities)が判明！

④外部環境のマイナス面をチェック・・・「脅威」(Threats)が判明！

	プラス面	マイナス面
内部環境	強み (Strengths) <例> ・人材が豊富 ・技術力が高い ・人気商品を抱えている	弱み (Weaknesses) <例> ・人件費を抑えられない ・人材の育成に時間がかかる ・生産量に限りがある
外部環境	機会 (Opportunities) <例> ・商品に対するニーズの高まり ・販売網の整備 ・競合他社の撤退	脅威 (Threats) <例> ・廉価な類似品が登場 ・オフィスや工場の賃料アップ ・強力な競合が出現

内部環境のプラス面、マイナス面を分析することで自社の「強み」と「弱み」がわかり、外部環境のプラス面、マイナス面を分析すれば「機会」と「脅威」がわかる。

分析が主観的にならないように注意する

ＳＷＯＴ分析は個人事業主から大企業まで、さまざまな規模の事業体に対応できる柔軟な視点を持つ手法だ。

ただ、評価がどうしても主観的になってしまう傾向があり、たとえば現場を統括するマネジャーと、各部門の担当者が別々にＳＷＯＴ分析をおこなうと、評価がまったく異なることも珍しくない。生産部門の担当者が自社の生産力をプラス面として評価していたとしても、マネジャーはコスト高に陥ったり過剰在庫を抱えたりするマイナス面として評価している……といったことはありがちだ。

あるいは、競合他社を評価する際に、「強力な競合がいる」といったマイナスの評価と、「たいした競合はいない」といったプラスの評価が紙一重で変わる場合もある。そもそも競合他社の情報は、手に入れること自体が難しいため、正確な判断が難しいのだ。

このような問題があるため、**ＳＷＯＴ分析をおこなうときは複数の評価者の意見を取り入れて主観的にならないように注意したり、日頃から幅広い情報収集網やネットワークを築いたりすることが重要になる。**

ＳＷＯＴ分析はマーケティングに欠かせない作業で、自社の経営資源を活かせる分野に進出したり、勝算の少ない市場から撤退したりすることに役立つが、評価を誤るとかえって組織のパフォーマンスを低下させてしまうリスクもあることは肝に銘じておきたい。

TOWS分析も活用する

SWOT分析の名称は、「強み」(Strengths)、「弱み」(Weaknesses)、機会(Opportunities)、「脅威」(Threats)の頭文字をとったものだが、S→W→O→Tの順番に分析をおこなうと、外部環境が内部環境よりも軽視されやすくなるという批判もある。

そこで、S→W→O→Tをひっくり返したTOWS分析をおこなう場合もある。内部環境を優先するか、外部関係を優先するかは自社の状況次第だが、SWOT分析とTOWS分析を同時におこなって、どういった評価になるかを比べてみてもいいだろう。

大切なのは、評価をしただけで満足しないということだ。**SWOT分析やTOWS分析は新たな視点をもたらしてくれる手法ではあるが、そのままでは単に問題点を並べているだけだ。**そこで具体的な対策を導き出す「クロスSWOT分析」が生み出された。次のページで詳しく解説する。

〈SWOT分析をTOWS分析に〉

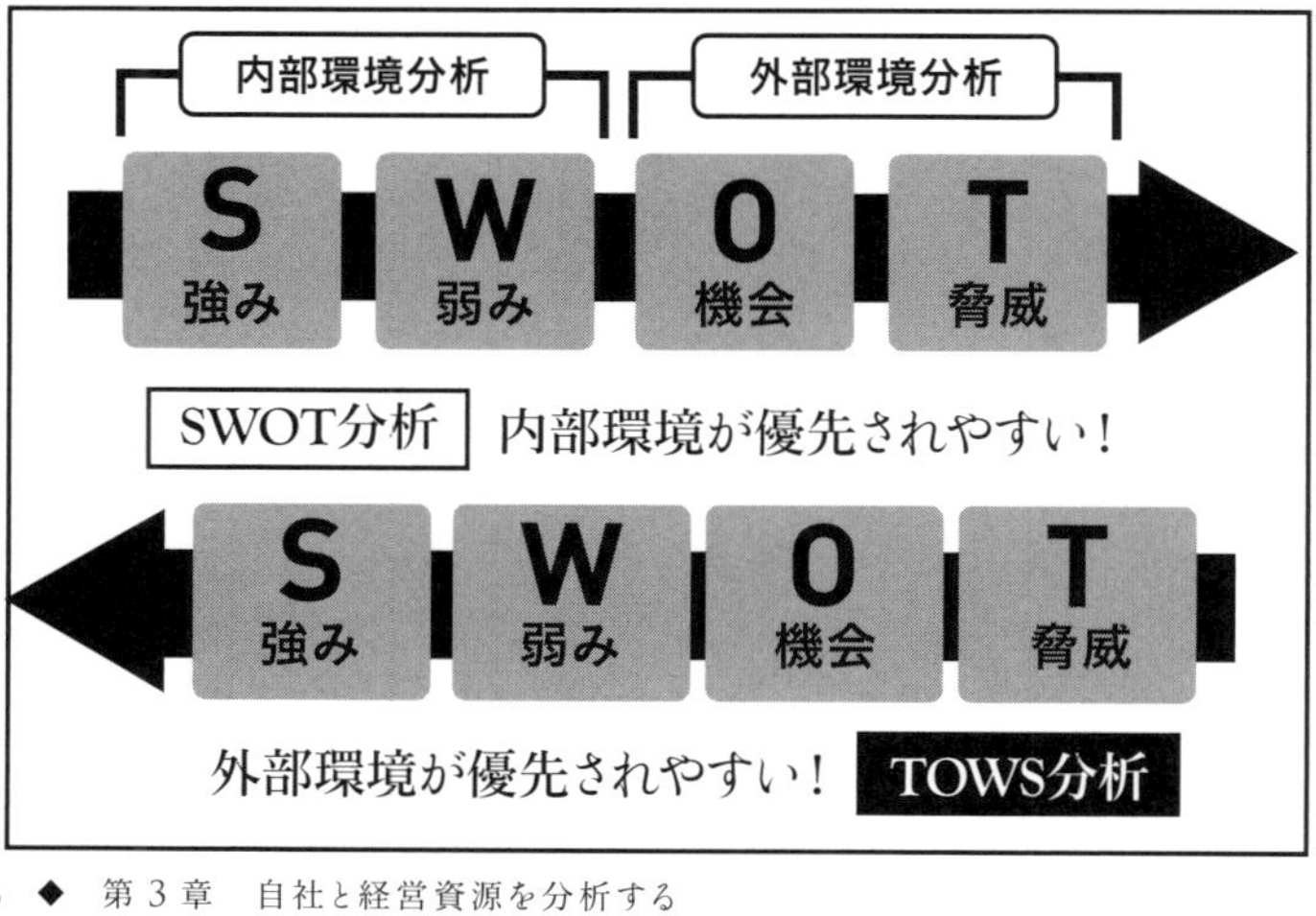

CHAPTER 3-02

内部分析を具体的な戦略に高める

クロスSWOT分析の4つの戦略

「強み」「弱み」「機会」「脅威」を掛け合わせる

SWOT分析で導き出した「強み」「弱み」「機会」「脅威」をもとに、具体的な対策を立てる手法をクロスSWOT分析という。クロスという名の通り、**「強みと弱み」「機会と脅威」を次のように掛け合わせることで、4つの戦略が浮かび上がってくる。**

①強み×機会……「積極的攻勢戦略」を立てる
②強み×脅威……「差別化戦略」を立てる
③弱み×機会……「段階的施策戦略(弱点強化戦略)」を立てる
④弱み×脅威……「専守防衛または撤退戦略」を立てる

たとえば「自社には優秀な人材が揃っている(強み)」と「市場に強力な新規業者が参入してきた(脅威)」を掛け合わせると、「優秀な人材を活かして、新規業者では真似できない商品を開発する」という差別化戦略を打ち出すことができる。新たな機会や脅威が発生したときに見直すと、また別の視点をもたらしてくれるだろう。

〈クロスSWOT分析の概要〉

●「強みと弱み」「機会と脅威」を掛け合わせる

①強み × 機会＝「積極的攻勢戦略」を立てる
②強み × 脅威＝「差別化戦略」を立てる
③弱み × 機会＝「段階的施策戦略（弱点強化戦略）」を立てる
④弱み × 脅威＝「専守防衛または撤退戦略」を立てる

外部環境

内部環境	機会	脅威
強み	**積極的攻勢戦略** 新たな機会に対して、自社の強みをどう活かすか。	**差別化戦略** 脅威に対して、自社の強みでどう対処するか。
弱み	**段階的施策戦略（弱点強化戦略）** 弱みを改善しながら、どう機会を活かしていくか。	**専守防衛または撤退戦略** 弱みを突くような脅威に対し、どう対処するか。

内部環境の「強みと弱み」と、外部環境の「機会と脅威」を掛け合わせると、上図のように4通りの戦略が導き出される。

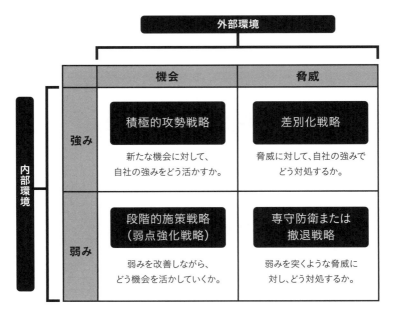

「積極的攻勢戦略」と「差別化戦略」の概要

単に「積極的攻勢戦略」や「差別化戦略」といった戦略の名称を示しても、その実像をなかなかイメージできないと思う。そこで、クロスＳＷＯＴ分析の４つの戦略を具体的な例とともに解説していく。

まず強み×機会で生まれる「積極的攻勢戦略」だが、これは新たな機会に対し、自社の持つ強みをいかに活かしていくか……という課題を解決する戦略だ。たとえば、自社に伝統技術を使った織物をつくれる職人が多数在籍しているとして、海外からのインバウンドが増加しているような状況では、織物を土産物用に増産し、各地のアンテナショップに出品するといった具合だ。積極的攻勢という名の通り、基本的に攻めの姿勢を持つことになる。

強み×脅威から生まれる「差別化戦略」は、脅威に対して自社の強みでどう対抗していくか、という策を練るもの。たとえば「伝統技術を使った織物と類似した廉価な商品が出現する」といった脅威があった場合は、類似品との質の違いをアピールしたり、単なる織物ではなく外国人が喜ぶような日用品に加工したりと、ほかでは真似できない戦略をとっていく。

以上に挙げたように、**基本的に強みが絡むとアグレッシブな戦略になる傾向にあるが、たとえばコストとベネフィットを考えたときに、機会の魅力がそれほど大きくないときは、控えめな戦略をとることも選択肢に入る。**差別化戦略も基本的に脅威とは抗戦する姿勢になるが、脅威の大きさによっては退くことも必要になるだろう。

「段階的施策戦略」と「専守防衛または撤退戦略」の概要

弱み×機会の「段階的施策戦略」は、せっかくの事業機会を自社の弱みによって見送ることにならないか……という課題を解決する。先の例にならえば、インバウンド需要が伸びていて、自社の織物が飛ぶように売れていても、職人の数が足りず、容易に増産できないという弱点がある……といった場合だ。この場合、将来の市場の伸びも見越して、職人を育成していくなどの対策が考えられるだろう。段階的施策戦略は「弱点強化戦略」と呼ぶこともあるように、自社の弱みを改善しつつ、機会を活かす方法を探っていくことになる。

最後に弱み×脅威の「専守防衛または撤退戦略」だが、これは脅威と弱みにより窮地に陥ることを回避するような戦略だ。たとえば、自社とまったく同じ品質の織物を大量に提供する競合が現れた場合などは、安易に対抗せず棲み分けをはかるほうが生き残りの確率が高まる。守りをしっかり固める手もあるが、脅威と弱みによる相乗効果で予想以上にダメージが高まる可能性もあるため、撤退戦略をとることも検討しなくてはならない。

以上のように、**「強みと弱み」を「機会と脅威」と掛け合わせることでさまざまな戦略をとることができるが、これらをうまく統合していくことが大切だ。**たとえば、強みを活かしていく戦略をとろうとしたときは、同時に弱みも拡大してしまう……ということは意外と多い。マネジャーは個々の戦略に固執することなく、強み、弱み、機会、脅威を俯瞰しながら全体的な戦略をとることを意識しなくてはならない。

自社の事業を分類する

4つのセルに分けるプロダクト・ポートフォリオ

市場成長率と市場シェアで評価する

自社の事業や製品、サービスが数多くある場合、経営資源をどのように配分するべきか、より複雑な分析が必要になる。実際、この本を読んでいるマネジャーのなかにも、複数の事業やプロジェクトを抱えていて、どれに注力するべきか混乱している人もいるだろう。資源配分を検討する際に役立つのが、「プロダクト・ポートフォリオ」という手法だ。

この手法では、**「市場成長率」と「市場シェア」の二軸によって事業や製品、サービスを分類する**。「市場成長率が高いか、低いか」「市場シェアが高いか、低いか」によって、左の図のように「花形」(Star)「金のなる木」(Cash cows)「問題児」(Wild cat)「負け犬」(Dog)の4つのセルに事業や製品、サービスをプロットしていく。

詳しくは次のページで説明をするが、花形はこれから成長する「期待の星」だから経営資源を多く投入して大事に育てる、負け犬は先が見えないため経営資源を引き揚げる……といった具合に、資源配分の目安にすることができる。

〈プロダクト・ポートフォリオの概要〉

●「市場成長率」と「市場シェア」の高低で分類する

それぞれのセルの概要

花形（Star） 継続的に投資してポジションを守る	問題児（Wild cat） 花形に移行するべくシェアを広げる
金のなる木（Cash cows） 安定的に収益をあげてほかを牽引	負け犬（Dog） 資源を引き揚げるなど、見切りを検討

「花形」「金のなる木」「問題児」「負け犬」の詳細

それでは「花形」「金のなる木」「問題児」「負け犬」について、個別に詳細を見ていく。

「花形」はスターの名の通り、成長市場のなかでキラキラ輝くような事業や商品だ。ただ勢いのある成長市場のなかで後れをとらないためには、広告に大きな予算を割くなど相応の投資が必要になる。また、製品やサービスの需要が増加するにつれ、生産ラインを強化したり人員を増加したりする必要もあるだろう。一方で成長市場を牽引するような存在になれれば、全体的なキャッシュフローにも大きく貢献するようになる。

続いて「金のなる木」は、市場の成長性は期待できないものの、一定の収益はあり、すでにキャッシュフローに貢献しているような事業や商品だ。これまで育ててきた果実を収穫する時期ともいえ、もう経営資源を多く投入せずとも収益を期待できる。ここから生じた収益が、ほかに再投資されるような流れが一般的だ。

そして「問題児」は、成長市場のなかでなかなかシェアを高められない状態を指す。将来的に金のなる木に成長する可能性もあるが、負け犬となってしまうリスクもある。シェアをとりにいくために多くの経営資源を投入するか、あるいは見切りをつけるかが問われる。

最後の「負け犬」は、市場の成長が鈍化したり、あるいはマイナス成長だったりするなかで、自身のシェアも停滞しているような事業や商品だ。基本的には撤退することになるが、ほかの分野とのシナジー効果などの事情によって維持される場合もあるだろう。

プロダクト・ポートフォリオの活用イメージ

では、実際にプロダクト・ポートフォリオの具体的な活用イメージを挙げてみよう。まず事業や商品を4つのセルにプロットするわけだが、このときに経営資源をどのように配分するのかを考える。たとえば、成熟して経営資源をさほど必要としない金のなる木は、その収益性から資金が余ることが予想される。その資金を花形や問題児に移転する手続きをとる。

花形には潤沢な資金を投入したいが、問題児は投資する事業と引き揚げる事業を選別するような作業も必要になるだろう。問題児に適切な経営資源を配分し、うまく問題を解決することができれば、高い市場シェアと相まって、一気に花形にのぼり詰める可能性もあるため、この部分の判断は重要だ。

負け犬にプロットされた事業や商品は、なるべく早く整理したいが、たとえば負け犬事業が花形の一部分と連携していて撤退が難しい場合などは、経営資源をしぼりつつ維持したり、ほかの事業に移管したりするなどの対策を練る。

こういった判断を的確におこなうためには、それぞれの事業や商品の市場成長性を検討した上で、しっかりと目標設定をすることが大切だ。その目標に達するまでに、どれだけの経営資源を投下する必要があるのか、といった観点を持てば、資源配分の増減や取捨選択の判断に役立つだろう。

CHAPTER 3-04

市場における製品の一生をつかむ

プロダクト・ライフサイクルで自社製品を分析

「導入期」「成長期」「成熟期」「衰退期」に大別できる

どんな製品でも、市場での位置づけは時間とともに移ろっていく。製品が登場してから、少しずつ普及し、やがて隆盛を誇り、そして衰退して姿を消していく……という流れを人間の一生のように描いた「プロダクト・ライフサイクル」というモデルがある。プロダクト・ライフサイクルでは、製品の売り上げと利益は左の図のように移行していくとされている。そして時間の経過とともに、製品は次の4つのステージをたどっていく。

①導入期……製品が市場に登場した当初。先行投資によって売り上げを少しずつ高める
②成長期……製品の認知度が徐々に高まる。売り上げと利益も連動して上昇する
③成熟期……売り上げはピークを迎えるが、競合などの圧力で利益は下がってしまう
④衰退期……後発の製品が増え、売り上げ、利益ともに下降する

多くの製品がこのようなステージを経て一生を終える。**その流れを頭に入れておけば、将来の売り上げと利益を見越した投資をおこなうことができる。**

〈プロダクト・ライフサイクルの概要〉

●製品の売り上げと利益は4つのステージを経ながら変遷する

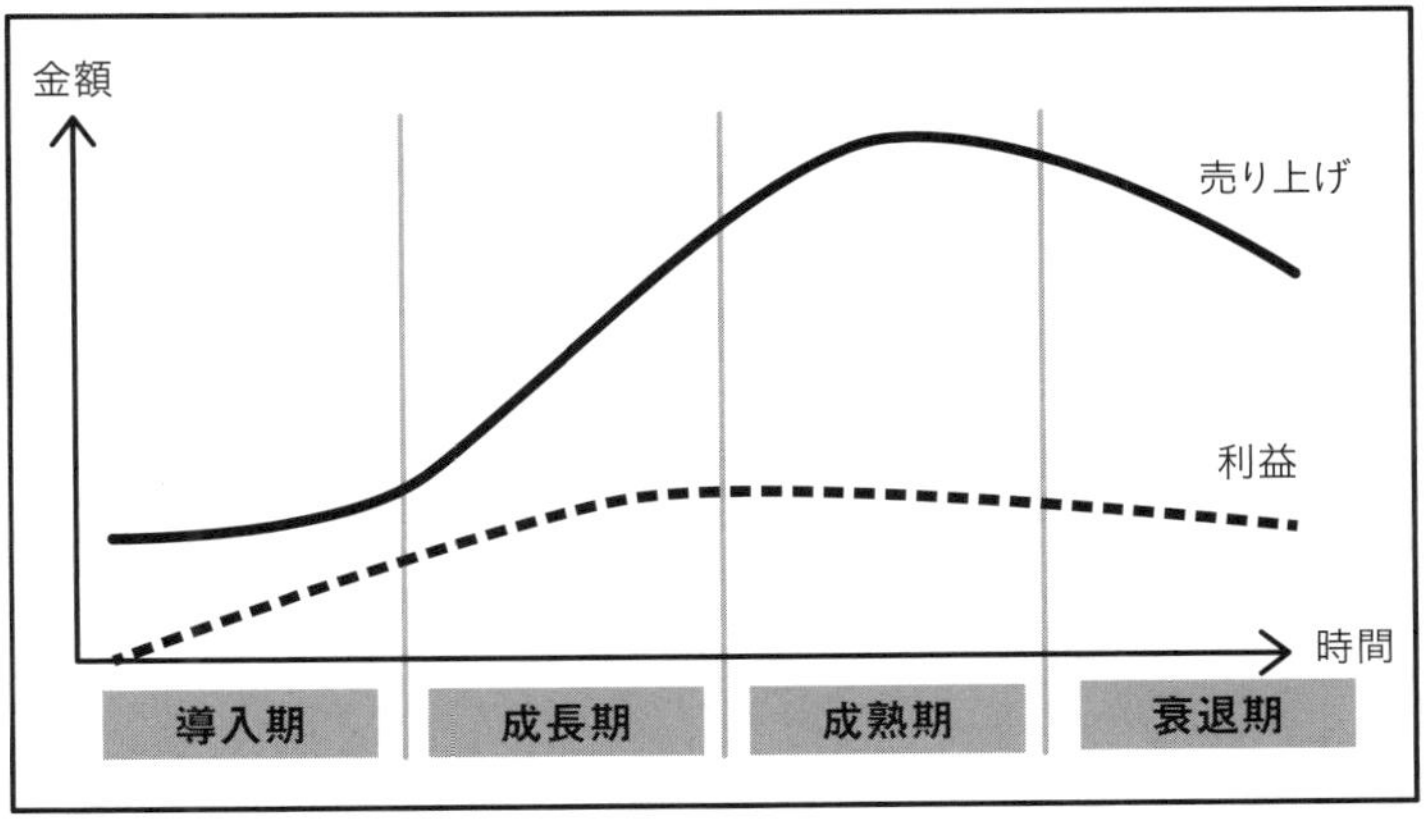

それぞれのステージの特徴

導入期の特徴

売り上げ……低く不安定
利益……赤字傾向
競合……少ない

成長期の特徴

売り上げ……急上昇
利益……ピーク
競合……増加

成熟期の特徴

売り上げ……ピークから下降に
利益……ゆっくり減少する
競合……落ち着き、減少に転じる

衰退期の特徴

売り上げ……どんどん下降
利益……どんどん下降
競合……どんどん減少

「導入期」と「成長期」の傾向と対策

では、4つのステージごとに起こりうる課題や取るべき対策を見ていこう。

まず導入期だが、この時期は製品が市場に投入されてから時間が経っていないため、まだ消費者に認知されていない状況だ。新しいものを好む消費者を中心に広告やプロモーションなどで製品についての情報を周知していく必要がある。製品開発のコストに加え、こういった製品告知のための費用もかさむため、どうしても高コスト体質になり、利益をあげるのは難しい。ただ、この時期に市場を開拓し、認知度を高めていかないと、スムーズに成長期へ移行することができない。また、**この時期に先行して技術革新や製品の周知をおこなうことで、市場における独占的な立場を得られることも多い。**

成長期は、消費や需要がどんどん拡大していく時期だ。生産量が伸びると、コストダウンも可能になるため、少々の値引きが必要になっても、収益性は高まっていく。しかし、導入期では参入を控えていた競合も、市場の成長を見てどんどん参入してくるため、競争が激しくなる傾向にある。そして、競合も広告やプロモーションなどで市場を活性化させるため、市場成長も著しく高まっていく。他社との競争によって値下げなどの対策が必要になるケースも多いが、それ以上に市場の成長により相乗効果や量産効果などが見込めるため、利益を確保するのは容易になる。現状と未来を見据えて、**競合の製品に埋没しないように、自社製品の差別化をおこなうほか、適切なブランド戦略も必要になってくる**だろう。

「成熟期」と「衰退期」の傾向と対策

需要自体はまだ拡大傾向にあっても、成長が鈍くなってしまうことが成熟期に突入したサインだ。当初の利益は高くても、さらに競合との戦いが激化し、売り上げに対して十分な利益を確保するのが難しくなってくる。いずれは需要も低下し、売り上げ自体が落ち込む……という流れになりやすい。競合との戦いについても、製品に対する技術が均質化してくるなど差別化が難しい局面になることが多く、価格による競争や消費者の愛着によってシェアがキープされる。既存製品をリニューアルして目新しさを演出したり、ポジショニングを変えて新規顧客を獲得したりするなど、製品開発自体も小規模なレベルに留まることが多い。この時期は、**経営資源が潤沢な大企業にとって市場が独占されることもある。競争力に乏しい企業は、独占された市場のなかでニッチな部分を狙っていくのが現実的だ。**

衰退期は、新しい製品や代替品に取って代わられたり、消費者に飽きられたりして、需要自体が激しく落ち込む時期だ。製品の売り上げは下降の一途をたどり、市場自体も急激に縮小していく。この状態になると、撤退か、戦いを続けるかの選択を迫られるようになる。続ける場合も、利益がさほど期待できないため、広告やプロモーションは最低レベルになるはずだ。市場から撤退しない場合は、衰退していく市場において経営資源が浪費されていないか……ということに注意しなくてはならない。**コストをかけずに獲得した利益を、ほかの成長市場に投資できるような流れが理想的**だといえるだろう。

開発から撤退までの流れを意識する

以上で説明してきたように、プロダクト・ライフサイクルの基本的な流れは、導入期では最初に製品を投入した企業が独占的な地位を築きやすいが利益はあがりにくく、やがて成長期に追随する企業が続々と参入して競争が激しくなるが、それゆえに市場も大きく発展し、利益の出やすい状況になる。成熟期には競合企業がどんどん淘汰されていき、経営資源の違いによる参入障壁も出現するが、いずれは衰退期を迎え、市場に残るか撤退するかの判断を下すことになる……といった形になる。

ただ、プロダクト・ライフサイクルで示されているような動きが、すべての製品に当てはまるわけではない。突然爆発的にヒットする製品もあれば、当初は注目されていなくてもジワジワ人気に火がついてくる製品もあるからだ。場合によっては、プロダクト・ライフサイクルのステージをいくつか飛ばして一気に巨大市場を創生するような規格外の製品もあるはずだ。

このようにプロダクト・ライフサイクルは万能ではないが、製品を市場に投入するときから、撤退するまでの過程を俯瞰し、それに沿って計画を立てるのに有用なことには違いない。**自社製品がどの段階にあるかを把握したうえで、その都度適切な判断を下すことも重要だが、製品の企画段階から最終的な出口を見越して戦略を立てるという、よりマネジメント色の強い対応をとることができる。**

CHAPTER 4

マーケティングをもとに新商品を開発する

CHAPTER 4-01

マーケティングを商品開発に活かす

新商品は業界構造を変えるほどの可能性を持つ

新しい製品やサービスの開発は企業の発展に不可欠

企業が存続するために欠かせないのが、新商品の開発だ。業界の中堅クラスの企業が、新しい製品やサービスを開発することで新たな市場が創造され、その業界を牽引するような立場になる……といった具合に、大きく飛躍するケースも珍しくない。製品差別化においては、広告やチャネルの変更で対処する場合も多いが、**業界構造を変えるほどの差別化には、やはり新商品の開発が伴う**。新商品開発には重いコストがかかるが、そのぶん競合他社にとっても時間や費用といった容易に追随できないハードルがあるため、持続的な差別化につながりやすい。

企業が新商品を開発するときの要件としては、「消費者のニーズを受けて新商品をつくる」「新たな技術を開発して、それを活かした新商品をつくる」「既存商品とのシナジー効果を期待できる新商品をつくる」といったことが挙げられるが、いずれもマーケティングが不可欠になることはいうまでもない。

〈新商品を開発するメリットと要件〉

●新商品のインパクトが大きいほど、他社との差別化ができる

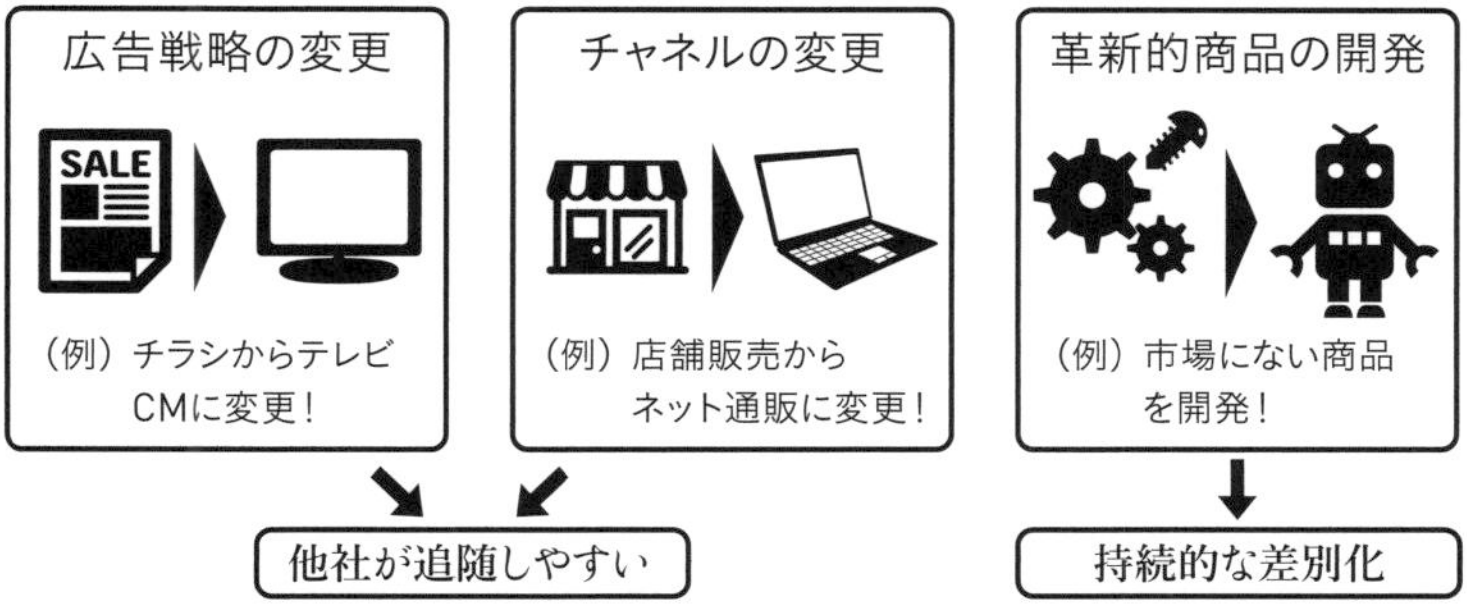

新商品の開発にはさまざまなアプローチがあるが、競合他社が追いかけるハードルが高いほど、持続的な差別化につながりやすくなる。

〈新商品を開発する要件〉

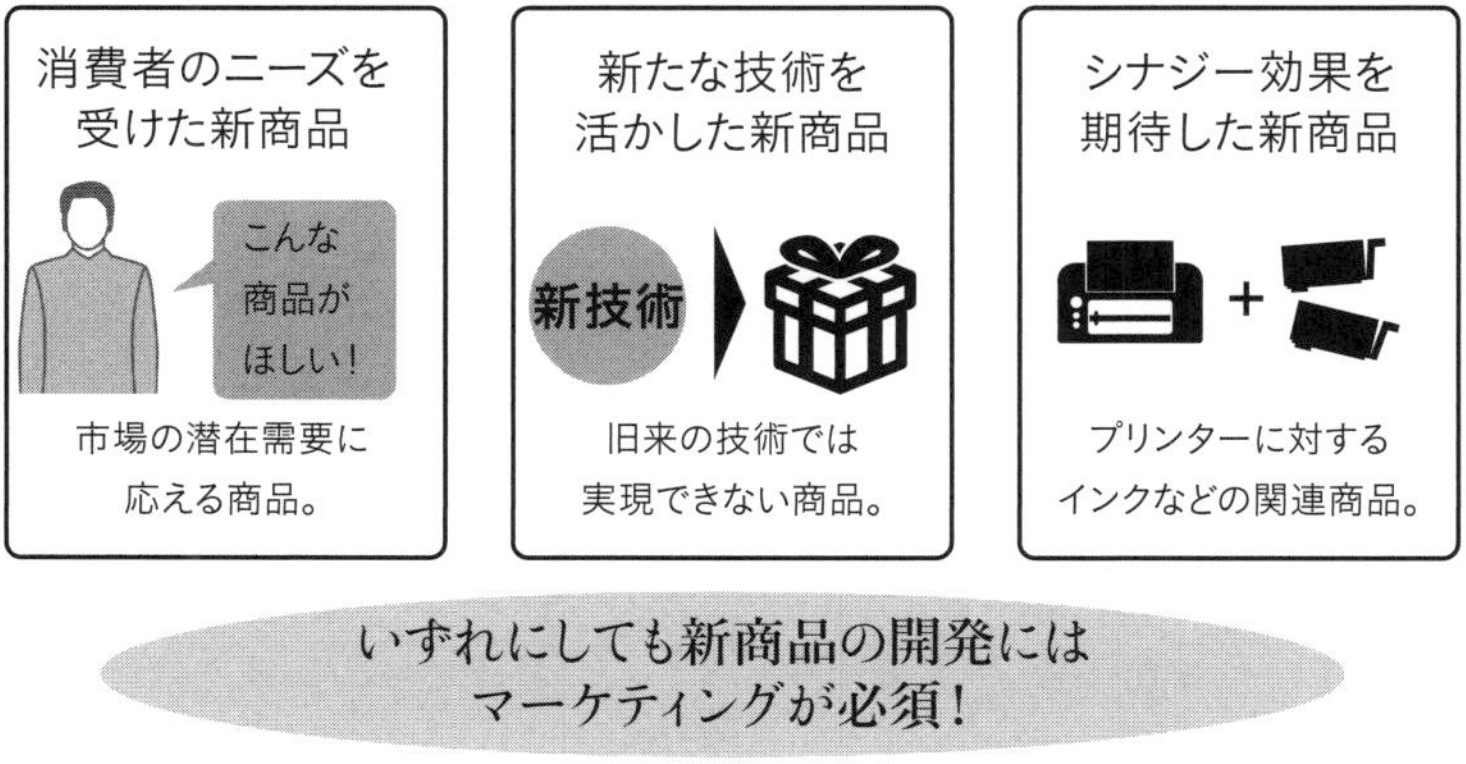

新商品開発のアプローチはさまざま

一口に新商品を開発するといっても、そのアプローチはさまざまだ。新商品というと、これまで業界になかった画期的な製品やサービスを開発する……というイメージがあるかもしれないが、ペットボトル飲料のラインアップに新しいフレーバーを追加する、というのも新商品に該当するように、意外とその幅は広い。そこで、まず新商品の開発にはどんなタイプがあるのかを整理しておこう。

まずはイノベーションを伴うような斬新で画期的な新商品の開発だ。イノベーションについては後のページで詳しく説明するが、市場や消費者にとって、これまでにないまったく新しい製品やサービスを指す。**こういった商品は、既存市場の枠を飛び越して、新市場を創造する可能性を秘めている。**

つぎに、既存の商品に新たな価値を加えたような製品やサービスだ。たとえば、携帯電話にカメラ機能を加える、時計にスマートフォンと連動するウェアラブル機能を持たせる、といったものが挙げられるだろう。

新たな価値を付加するという点では、既存製品のモデルチェンジもあてはまる。革新的な取り組みではないものの、これまでの製品にはない色や形、あるいは便利機能などを加えることで新商品として売り出すことは珍しくない。こういった新商品の発売は、92ページで紹介したプロダクト・ライフサイクルの延命に寄与することもある。

多彩な切り口で商品開発の幅を広げる

製品名やサービス名を変えずに新商品のラインアップを増やすことは、「ライン伸長」と呼ばれる。たとえば人気の清涼飲料水の量を増やしたビッグボトルをラインアップに追加する、期間限定のフレーバーを用意する、といったことはライン伸長の新商品だといえる。

一方、既存商品の隣接分野に新商品を設けるようなケースは、「ライン拡張」という。たとえば人気の清涼飲料水と同じものが家庭で手軽につくれる粉末ジュースや、清涼飲料水と同じ味がするガムを展開することは、ライン拡張にあてはまるだろう。

そのほか、既存の製品やサービスをほとんど変えずに新商品として売り出すケースもある。いまある製品を異なった顧客層に提供するリポジショニングもその一例で、子ども向けの玩具などを、「なつかしのおもちゃ」などと称して大人向けのパッケージで売り出す方法などがあてはまる。

あるいは自社の製品やサービスの機能を削って廉価で販売したり、すでに市場に存在する製品やサービスに類似した商品を発売することも、新商品の範疇に入る。こういった製品やサービスは、新商品でありながら時間や費用をかけずに提供できるため価格による競争力を持つが、ほかの競合にも模倣される可能性が高く、持続性にはあまり期待できないだろう。この点を考えると、**商品開発の理想はイノベーションといえるが、ほかにもこれだけの切り口があることを意識しておけば、発想の幅を広げることに役立つはずだ。**

CHAPTER 4-02

新商品開発のプロセスをおさえる

アイデアの収集から市場導入まで

市場に導入したあともマーケティングは続く

実際に新商品をつくるときには、どういったプロセスが必要になるのだろう。製品やサービスによって詳細は異なり、また順番が前後する場合もあるだろうが、ざっくり流れを見てみると、「①アイデアの収集、仮説づくり」、「②消費者のニーズを調査」、「③アイデアの取捨選択」、「④コンセプトの策定」、「⑤市場展開の戦略を立案」、「⑥コストや売り上げを計算」、「⑦プロトタイプの制作」、「⑧市場での反応をテスト」、「⑨市場導入」といった形が基本となる。

新商品を市場に展開するまでに、さまざまなステップが必要になるが、その多くのシーンでマーケティングがかかわってくる。たとえば商品コンセプトを策定する際に市場や消費者、競合の分析が必要になることはもちろん、**市場に導入されてからも顧客の意見を吸い上げ、長く愛される商品にしていく努力が求められる。**

こういったステップごとの注意点を、次のページから整理していこう。

〈新商品を開発するプロセスの一例〉

●多くのステップでマーケティングが必要になる

①アイデアの収集、仮説づくり

社内のメンバーだけではなく、社外モニターなども活用して幅広く集める。

②消費者のニーズを調査

STPなどマーケティングの手法も活用して消費者のニーズを探る。

③アイデアの取捨選択

収集したアイデアが実現可能か、自社の経営資源を活かしているかどうかを検討する。

④コンセプトの策定

自社の経営資源の都合だけではなく、消費者のニーズを満たすことも意識する。

⑤市場展開の戦略を立案

流通や価格設定、プロモーションなど、さまざまな角度から戦略を練る。

⑥コストや売り上げを計算

新商品を展開したときに、どのように利益を出すかといった経済性を検討する。

⑦プロトタイプの制作

試作品を使って、実際の利用シーンなどを想定したテストを繰り返す。

⑧市場での反応をテスト

地域限定で先行して製品やサービスを提供するなど、実際の反応を確かめる。

⑨市場導入

新商品のプロモーションや説明会などをおこなう。

市場に導入されたあともマーケティングが必要！

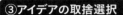

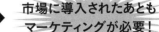

アイデアを収集し、取捨選択をおこなう

新商品を開発するプロセスのなかでも、もっとも困難かつ重要とされているのがアイデアを生み出すことだ。アイデアを収集する際は、社内の関連部署から吸い上げるだけではなく、できるだけ広い範囲に目を向けたい。たとえば営業担当者や販売店のスタッフなどを通して、顧客の声を直接集めることも有効だ。また、そのように顧客と直接的に接している社員から寄せられるアイデアは、より顧客のニーズに基づいたものになりやすい。

そして社内に限らず、社外からアイデアを募ることも大切だ。たとえばアンケートやグループインタビューを実施すれば、アイデアのもとになるような情報を得ることができるだろう。

このようにして収集したアイデアは玉石混交であるため、スクリーニングの必要が生じる。スクリーニングとは、アイデアを取捨選択することを指すが、注意したいのは「アイデアキラー」を生まないことだ。**他人のアイデアを検討するときに、どうしてもアラ探しのような視点になってしまう人がいるが、とりあえず「できない理由」ばかりを挙げていては斬新な商品など望めない**。一方で、あまりに楽観的にアイデアを採用するのも問題だが、実現可能性ばかりにとらわれると、将来的に大きなビジネスに育つ可能性のある芽を摘み取ってしまうことにもなりかねない。いますぐには実現が難しくても、潜在利益に注目するなどバランスのよい視点でのスクリーニングを心がけたい。

消費者の潜在需要を探る

アイデアを収集し、それを取捨選択する際に、消費者の潜在需要を探ることは欠かせない。先のページで紹介した「②消費者のニーズを調査」に含まれることだが、漠然と情報収集をしていては、なかなかアイデアを絞れないだろう。

もちろん、革新的な商品を開発する場合は、広範囲かつ無作為に情報を集めるという方法もとられるが、たとえばアイデアの源泉として「自社が開発した新技術」をもとにしている場合などは、それを手がかりに潜在需要を調査すると効率的だ。一例を挙げると、ビールの飲み口をそのままにアルコール度数だけをカットできるような技術を開発できた場合は、「アルコールが含まれないビールテイスト飲料をどんなときに飲みたいか」といった切り口で消費者の需要をはかることができる。

あるいは、**アイデア段階で出た逆説的な仮説に基づいて潜在需要を調査する**方法もある。たとえば、「休日のランチでは、ビール風味のさわやかな飲料が求められているのでは？」「お酒の席で、アルコールを口にはできないが、雰囲気だけでも味わいたい人がいるのでは？」といった仮説をもとに、消費者からアンケートをとったり、グループインタビューをおこなったりするといった具合だ。さらに男性か女性か、若者か中高年か、といったセグメンテーションをおこなうことで、より細やかなニーズを探ることもできる。このような流れを踏めば、先のページで紹介した①〜③のプロセスが具体性を帯びてくるだろう。

コンセプトを固めてプロセスに芯を通す

新商品の開発において、コンセプトを策定することは、全体の舵取りをおこなうようなものだ。製品やサービスを市場に投入するまでには、企画者や技術者、製造担当者に営業担当者、あるいは広報担当者などさまざまな部署の人間がかかわってくるが、**コンセプトがしっかり決まっていないと、コンセンサスを得るのは難しい**だろう。アイデアを単にまとめるだけではなく、「消費者が製品やサービスをほしいと思う理由」を設定することで、新商品を開発するプロセスに太い芯を通すことができる。

たとえば、「アルコールが含まれないビールテイスト飲料」を新商品として開発するときに、「さわやかな飲み口で酔わないビール」といったキーワードを掲げる程度ではコンセプトにはならない。「ランチ専用ビール」や「日曜の朝から飲めるビール」といった形で、実際の利用シーンが思い浮かぶようなコンセプトを設定したい。

「日曜の朝から飲めるビール」というコンセプトなら、朝の木漏れ日を感じさせるような爽やかなラベルにしたり、缶入りではなく朝食のテーブルに並んでいても違和感のないボトルで提供したりと、コンセプトに沿った差別化の方針を打ち出すことができる。このように、コンセプトはネーミングやパッケージ、価格、売り場、広告など、さまざまな面に影響を及ぼす。並行してターゲティングやポジショニングを再検討すれば、また違ったコンセプトを打ち出すこともできるだろう。

プロトタイプやテスト導入で消費者の需要を読む

最後に、新商品開発のプロセスにおいて消費者の需要を把握するのは重要だが、同時に非常に難しいということも強調しておきたい。

この点は、消費者に商品が受け入れられるか否か……といった単純な捉え方では、問題の本質に迫れない。たとえば消費者にうまく受け入れられたとしても、想定した需要と実際の需要が乖離《かいり》していれば、大きな問題に発展することもあるからだ。

新しい製品をつくるときに慎重になりすぎると、生産量も抑えられて「とりあえず様子見」となってしまう。その場合、予想を超えるヒットとなったときに、商品の供給が追いつかなくなることは明らかで、単に販売機会を逃すだけではなく、消費者が商品をほしいという気持ちが冷めてしまったり、「なぜ手に入らないんだ!」という自社に対する敵意が生まれたりすることもある。大ヒットで品薄状態……というのは、メーカーにとって必ずしも嬉しい悲鳴になるわけではなく、販売店舗や流通を担う業者との信頼関係が傷つくなど、深刻な事態を招くこともある。

だからといって、やみくもに十分な在庫を用意しても、思うようにヒットしなければ、早晩過剰在庫の問題に直面することになる。新商品だけに、過去の販売データなどをあてにすることができない場合も多く、それゆえにプロトタイプをつくったり、市場にテスト導入したりして、正確な需要をつかむために相応の費用と時間をかけることが必要になるのだ。

CHAPTER 4-03

まったく新しい商品を創造する

抜本的な解決になるイノベーション

まだ普及していない製品やサービスに対する取り組み

第3章で紹介した「プロダクト・ライフサイクル」にもあるように、どんな商品にも寿命が存在する。いまある商品が成熟期や衰退期にさしかかるころには、新製品や新サービスの開発が必要になるだろう。大規模な商品開発以外にも、商品のラインアップを増やしたり、細部をリニューアルして延命をはかる方法もあるが、**市場においての存在感が乏しくなっているようだと、イノベーションを起こすなど抜本的な解決をはからなくてはいけない。**

イノベーションとは、簡単にいうと「まだ普及していない製品やサービスに対する取り組み」のことを指す。たとえば固定電話が中心だった時代に、携帯電話が登場したのもイノベーションを象徴するような出来事だといえるだろう。一口にイノベーションといっても、以前は専門的で高価だった商品を手軽に提供できるようにする「エンパワリング・イノベーション」や、古い商品を新技術で改良する「持続的イノベーション」など、さまざまなアプローチがある。次のページから詳しく説明していこう。

〈イノベーションを起こすタイミング〉

●成熟期や衰退期はイノベーションの機会になる

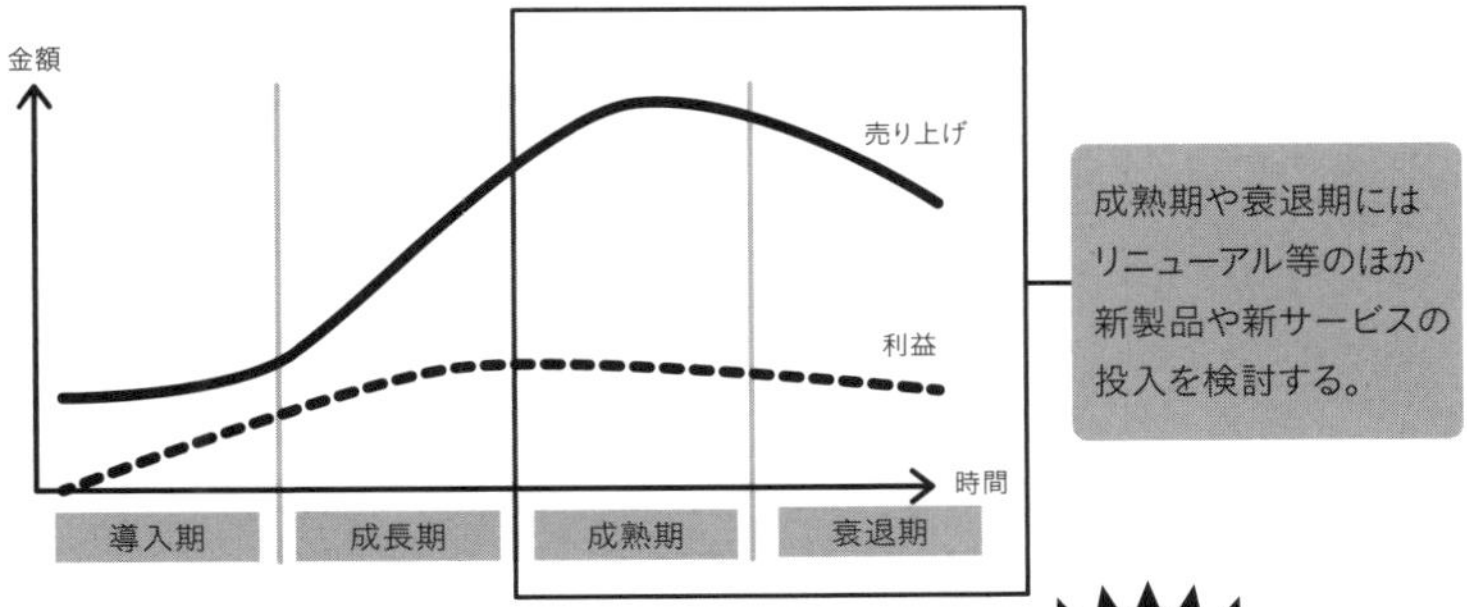

成熟期と衰退期の特徴

売り上げ、利益ともに下降していくが、開発費や広告費といったコストも削減傾向にあるため、利益をほかの事業に投資しやすい。

抜本的な解決をはかるためにイノベーションを起こす！

イノベーションとは…

まだ普及していない製品やサービスに対する取り組み

エンパワリング・イノベーション 専門的・高価な製品を手軽に！	**持続的イノベーション** 既存製品を新技術で改良！
エフィシェンシー・イノベーション いまある製品を効率的に提供！	**破壊的イノベーション** 既存製品を否定する大革新！

クリステンセンが提唱する3つのイノベーション

ハーバード・ビジネス・スクールで教鞭をとったクレイトン・クリステンセンは、**イノベーションのパターンとして「エンパワリング・イノベーション」「持続的イノベーション」「エフィシェンシー・イノベーション」を挙げている。**

エンパワリング・イノベーションは、先にも述べたように、昔は高価で専門的だった製品を、手軽な価格で提供したり、操作性を改善したりすることを指し、たとえばパソコンをイメージするとわかりやすい。実際に、「パソコン＝高価で専門的なマシン」から、「パソコン＝家電」というイメージに変遷していく様子を体感した人も多いだろう。

持続的イノベーションは、すでにある製品やサービスに、新技術を加えるなどして性能向上をはかるようなイノベーションだ。ガソリンや軽油で動く自動車が、技術革新によってハイブリッド車や電気自動車に置き換えられていくような例が象徴的だ。

そして、エフィシェンシー・イノベーションは、いまある製品やサービスを、より効率的に消費者へ提供するような取り組みを指す。たとえば保険の販売といえば、一昔前はセールスレディによる消費者へのアプローチをメインとしていたが、オンライン保険会社の台頭によって、人的販売だけに頼らず、より効率的な手続きが可能になった。

こういったイノベーションのほかにも、**いまある製品やサービスの価値を根本的にひっくり返す「破壊的イノベーション」も存在する。**

破壊的イノベーションと「イノベーションのジレンマ」

従来のイノベーションは、すでにある製品やサービスの改良改善が中心で、こういったイノベーションを繰り返すことで企業は事業を拡張させてきた。しかしベンチャー企業が台頭したり、中小企業が新たな市場を切り開いたりする際には、しばしば破壊的イノベーションが伴う。

破壊的イノベーションには、**既存の製品やサービスを駆逐するほどのインパクトがある。**いくつか例を挙げると、据え置き型のゲーム機が主力だったゲーム業界が、スマートフォンの登場によって、ゲームアプリ中心へとシフトした。音楽業界においては、店舗での人的販売で音楽CDを消費者に届けていた時代から、ダウンロード販売メインに切り替わった。あるいは、一時期大きく普及が進んでいたコンパクトカメラが、高性能なカメラを搭載したスマートフォンの登場で存在感が薄れてしまった……といった例も、破壊的イノベーションといっていいだろう。

こういった破壊的イノベーションは、しばしば大企業が後れをとることにつながる。既存商品を駆逐するような可能性を秘めた新商品も、市場に出た当初は需要が限られ、大企業にとってさほど魅力的に映らないからだ。その結果、**大企業が新興市場になかなか入っていけない……といった事態になることを「イノベーションのジレンマ」というが、視点を変えるとベンチャー企業や中小企業にとっての「付け入る隙」ともいえそうだ。**

CHAPTER 4-04

新商品に対する消費者の反応をつかむ

イノベーター理論による5つの分類

キャズムをいかに乗り越えるかがカギ

新商品を発売すると、消費者はどんな反応を見せるのだろう。世のなかには、新しい製品やサービスが好きな人もいれば、すぐに取り入れず様子を見る人もいる。なかには、新商品には見向きもせず、最後まで購入しない人もいるだろう。そういった消費者の違いを分類する「イノベーター理論」という考え方がある。イノベーター理論では、消費者を「①イノベーター（新商品が出ると一番に購入する人）」「②アーリーアダプター（流行に敏感な人）」「③アーリーマジョリティー（平均的な人より早く商品を購入する人）」「④レイトマジョリティー（多くの人が買ったあとに購入する人）」「⑤ラガード（そもそも新商品をあまり購入しない人）」という5つの層に分ける。

左の図のように、**アーリーアダプターとアーリーマジョリティーの間には、「キャズム」と呼ばれる普及の谷が横たわる。この谷をうまく乗り越えることができた新商品は、市場に広く普及していく。**

〈イノベーター理論の概要〉

●消費者を5つの層に分類する

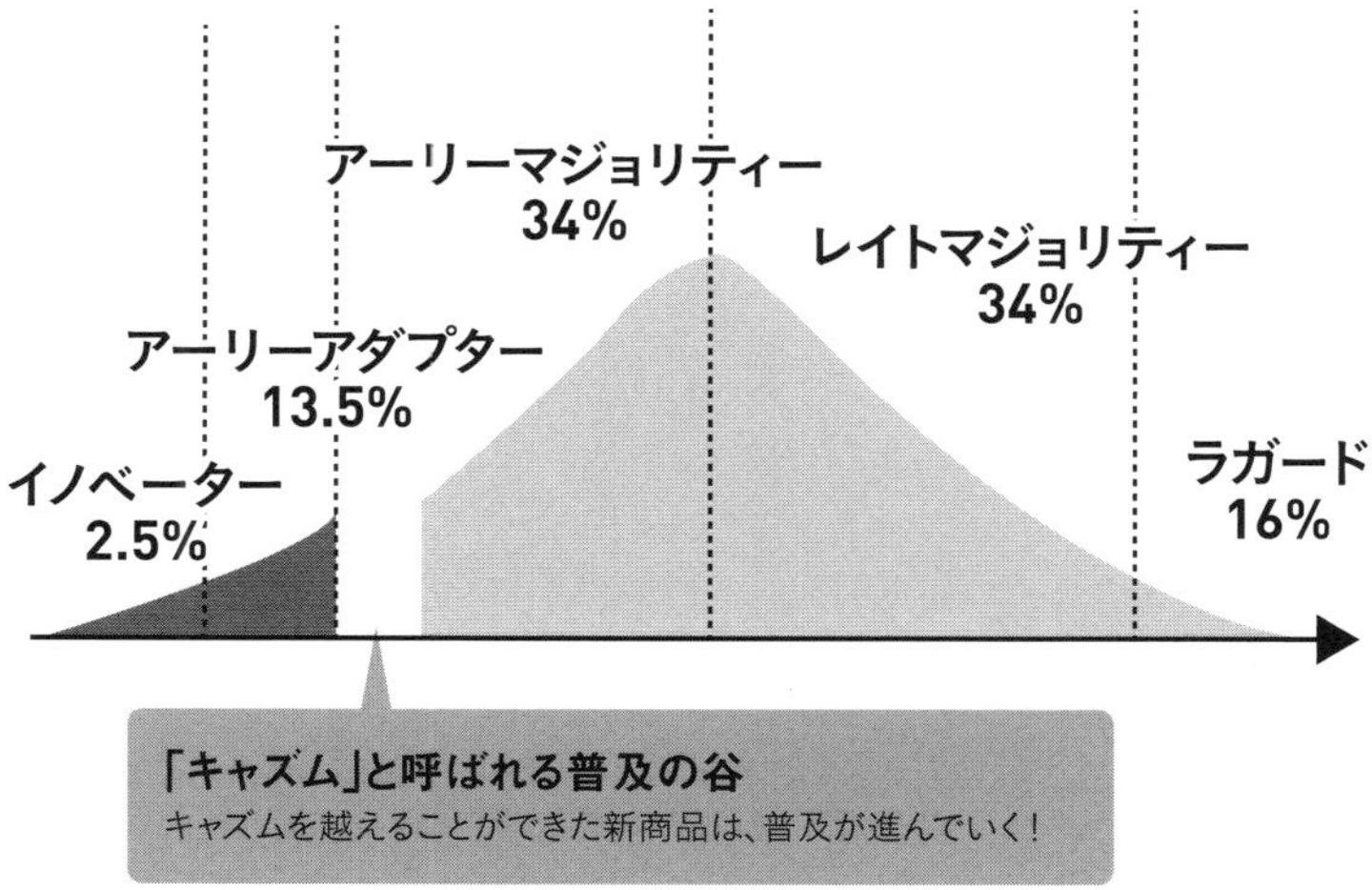

イノベーター理論の5つの層	**イノベーター** 新商品を最初に購入する革新者！
アーリーアダプター 流行に敏感な初期採用者。	**アーリーマジョリティー** 全体の34%を占める初期多数採用者。
レイトマジョリティー 全体の34%を占める後期追随者。	**ラガード** 保守的で遅滞者と呼ばれることも……。

新製品や新サービスに対する反応によって、5つの層に分類できる。

イノベーター、アーリーアダプターの概要

イノベーター理論の5つの層は、「イノベーター」と「アーリーアダプター」を初期市場、「アーリーマジョリティー」「レイトマジョリティー」「ラガード」をメインストリーム市場と分類することもできる。初期市場とメインストリーム市場の間には、新商品の普及を阻むキャズムが横たわっている。それぞれのステップごとにポイントを整理しつつ、キャズムを乗り越える方法を探っていこう。

まずイノベーターは「革新的採用者」とも呼ばれるように、新しい製品やサービスを自らの手で探し出して購入することに喜びを感じるような人が多い。企業側が本格的に宣伝活動をする前から新商品を発見し、手探りで使いはじめるようなケースも少なくないため、製品やサービスの利用シーンが企業の思惑を超えたものになる場合もある。

アーリーアダプターはイノベーターと違い、誰も試していない新商品ではなく、誰かが実際に使ってみた感想などを参照してから、自分も導入するような層だ。製品やサービスの問題解決性、使い勝手などを検討してから購入するため、**「革新的な新機能がある」といった面を強調するだけではなく、「それがどう役立つか」といった実際の利用シーンを考慮したマーケティングが大切だ。**イノベーターの興味のアンテナに引っかかり、かつアーリーアダプターに受け入れられるような説得力がある商品は、キャズムの手前まで近づくことができる。

アーリーマジョリティー、レイトマジョリティー、ラガードの概要

新商品の購入に積極的なイノベーターやアーリーアダプターより、やや慎重な姿勢を見せるのがアーリーマジョリティーだ。たとえばアーリーアダプターが、「ビジネスシーンにもマッチするリュックがほしい」という視点から、高級感があり機能性に優れたビジネスリュックを探して購入したとする。これに対し、アーリーマジョリティーはそんなビジネスリュックを背負っている人を見て、「これならビジネスでも使えるぞ」と実際に使っている人を手がかりに新商品の機能性や問題解決性に気づくような層だ。実際に商品を購入するボリュームとしては、アーリーアダプターよりアーリーマジョリティーのほうが大きくなるため、**マーケティングによっていかに広く商品の魅力を伝えていくかが重要になり、ここがキャズムを乗り越えるカギになる。**

レイトマジョリティーは、さらに慎重でほかの消費者が実際に利用した事例やレビューなどをチェックし、「間違いのない商品だ」と確信してから購入に踏み切るような層だ。この層が動き出す時期になると、製品やサービスがかなり普及しているため、拡張商品を投入するなどマーケティングの質自体もずいぶん変わってくる。

ラガードは、そもそも新しい製品やサービスに対して抵抗的な姿勢を見せる層で、「新商品」というくくりがついている時点では、うまく訴求するのが難しい。反対に、ラガードが購入する商品は、すでに定番になっていると換言することもできるだろう。

マーケティングで思考の幅を広げる

バーティカル・マーケティングとラテラル・マーケティング

2つの手法を使い分ける

実際に新商品を開発するときには、どんなマーケティングの手法が使えるのだろうか。よく知られる手法に「バーティカル・マーケティング」と「ラテラル・マーケティング」がある。

バーティカル・マーケティングは、「問題を分析する」「仮説を立てる」「アクション・プランを策定する」といった3段階の流れでおこなわれる。伝統的な理論や方法論に沿って、論理的に課題を解決するのに適した方法だ。一方、ラテラル・マーケティングは既存の枠を打破するような手法で、バーティカル・マーケティングとは違い、**いきなり「仮説を立てる」**のが特徴だ。特定の事象にフォーカスしたり、水平思考をしたりしながら仮説を組み立て、アクション・プランの策定につなげていく。

バーティカル・マーケティングは、市場や商品に活気があるときには有効だが、市場が成熟して製品が飽和状態になったり、サービスが飽きられたりしたときには、ラテラル・マーケティングのような手法で斬新な発想を生み出し、新たな市場を切り開く必要がある。

〈2つのマーケティング手法を使い分ける〉

●バーティカル・マーケティングとラテラル・マーケティング

〈バーティカル・マーケティング〉

①問題を分析する

市場において、自社の商品にどんな問題が生じているのか？

②仮説を立てる

問題を解決するのに、どんな方法をとるべきか？

③アクション・プランを策定する

商品のリニューアルや販路の開拓といった施策をつくる。

論理的に課題を解決できる！

〈ラテラル・マーケティング〉

①仮説を立てる

なににフォーカスするべきか？

たとえば新市場を創造したい場合は、市場や顧客に注目する。

どんな思考をすればいいのか？

「代用する」「結合する」「除去する」といったキーワードをもとに、水平思考をおこなう。

②アクション・プランを策定する

水平思考をもとに生み出したアイデアを結合する。

停滞した状況を打破できる！

バーティカル・マーケティングの具体的な手順

では、バーティカル・マーケティングとラテラル・マーケティングの具体的な進め方を見ていこう。バーティカル・マーケティングでは、たとえば自社商品の売れ行きが落ちているおもちゃメーカーが新商品を開発する場合、まず問題を分析することからはじめる。問題を分析する流れは、「主力商品だった大勢で遊ぶおもちゃの売れ行きが落ちている」→「大勢で遊ぶのではなく、数人で遊んだり、家のなかで遊ぶ子どもが増えているようだ」→「既存の販路や商品をテコ入れする必要がある」といったように段階的に思考を進めていく。この問題を解決するための仮説として、「既存商品をリニューアルして、数人でも遊べるようにルールを変える」「家のなかでも使えるように、もっとコンパクトなつくりにする」といった対策を導き出す。

そして、具体的なアクション・プランとして、ルール変更と省スペース化を施す。さらに、商品のパッケージを一新するなどして新商品という扱いで大々的にPRする、玩具店だけではなくコンビニなどでも気軽に買えるように販路を拡充する、といった方策を練る。

このように**バーティカル・マーケティングは、すでにある製品や販路の課題をもとに思考を深めるため、商品や市場に活力があるときは、新たな展開をつくり出す有効な手立てとなる。**ただし、市場に閉塞感があったり、商品の勢いがなくなっているときは、なかなか現状を打破することは難しい。そこで、ラテラル・マーケティングが必要になってくる。

ラテラル・マーケティングの具体的な手順

ラテラル・マーケティングは、「あえて非論理的な発想をする」ことが重要だ。ただ、やみくもにアイデアを出すのではなく、まず**仮説を立てる段階で、なににフォーカスするかを決めておく**ことがポイント。たとえば新市場を創造したいときは、「市場」や「想定顧客」に注目する。新製品を開発したいときは、「製品」「ブランド」「パッケージ」に注目するといった具合だ。フォーカスする対象が決まったら、次の6つの視点で水平思考をおこなう。

①代用する……なにか代わりになるものはないか?
②結合する……ほかの要素を組み合わせることはできるか?
③逆転する……逆の意味合いを加えることはできるか?
④除去する……不要な機能やデメリットをなくすことができるか?
⑤強調する……メリットをもっと効果的に活用できるか?
⑥並べ替える……順番を変えることで新たな価値を生み出せないか?

たとえば、おもちゃの新製品をつくるときは、パッケージを組み立て式の付録になるように工夫する(結合する)、新キャラの登場するパッケージを次々とリリースしつつ時折プレミアキャラを発表する(並べ替える)といった具合だ。

こういった6つの視点をもとに水平思考でさまざまなアイデアを出し、うまく組み合わせることで、これまでにない革新的なアクション・プランを練ることもできるだろう。

CHAPTER 4-06

新しいサービスを開発する

製品とサービスを包括的にとらえることも

サービスの特性や分類法をつかみ新商品のヒントにする

新商品の開発といえば、いわゆるモノ（製品）にばかり目が行きがちだが、当然新しいサービスも新商品に含まれる。そこで、サービスについて少し整理をしておこう。

サービスは大きく「有形行為」と「無形行為」に分類できる。有形行為は、マッサージや髪のカットなど人の体に向けられたり、荷物の輸送や機械の修理といったモノに対しておこなわれたりするサービスを指す。一方、無形行為はカウンセリングや教育など人の心に向けられるサービスや、貯蓄や保険といった形がないものを扱うサービスだ。

また、製品との違いとしては、「無形性（形がない）」「同時性（生産と消費を同じくする）」「不可分性（生産と消費を分けられない）」「異質性（品質を標準化できない）」「消滅性（保存できない）」といった要素が挙げられる。

このようにサービスは製品とは違った特性や分類法があるが、**近年は製品とサービスを包括的にとらえる「サービス・ドミナント・ロジック」をもとにした新商品も増えている。**

〈サービスの特性と分類法〉

●サービスには有形行為と無形行為がある

有形行為

・体のコリをほぐす。
・髪を切ったり整えたりする。
・食事を提供する。
・荷物を指定された場所に届ける。
・壊れた機械を修理する。

無形行為

・子どもに勉強を教える。
・資産を預かる。
・保険を引き受ける。
・投資についてアドバイスをする。
・部屋を掃除する。

●製品との違いに着眼した分け方もある

無形性

形がない、見えない、ふれられない。

同時性

生産と消費を同じくする。

不可分性

生産と消費を分けられない。

異質性

品質を標準化できない。

消滅性

保存することができない。

●さらに……サービスと製品を分けない考え方もある

サービス・ドミナント・ロジック

製品とサービスを別のものととらえずに、両者を包括的にあつかう。

サービス・エンカウンターとサービス・マーケティング・ミックス

サービスの特徴として、「無形性」「同時性」「不可分性」「異質性」「消滅性」を挙げたが、製品のように形として残るものではなく、その場限りという要素が大きいため、「どのように顧客に印象づけるか」が非常に大切になる。

消費者とサービスが出会う場や、サービスが提供される場のことを「サービス・エンカウンター」と呼ぶ。**サービスの多くでは、顧客と従業員が接する場ともなるが、この瞬間に顧客にどのような印象を与えるか……ということで、サービスに対する評価が決定付けられる場合が多い**。そのため、新しいサービスを開発するときには、「サービスを提供する人」「サービスを提供する環境」「サービスを組み立てるときの方針や手順」といった要素に特に注意を払う必要がある。

マーケティング・ミックスによって新しいサービスを検討する場合も、従来の「Product」「Price」「Place」「Promotion」の4Pに留まらず、「Participants（参加者＝サービスを提供するスタッフやサービスを受ける顧客など）」「Physical evidence（物理的な環境＝サービスを提供する場所の照明や温度など）」「Process of service assembly（サービスを組み立てるプロセス＝サービス提供時の方針や手順、サービスを提供するスタッフの管理・教育など）」の3つのPを加えた「サービス・マーケティング・ミックス」を意識しなくてはならない。

サービス・ドミナント・ロジックで画期的な新商品を生み出す

製品とサービスを包括的にとらえる「サービス・ドミナント・ロジック」についても説明を加えておこう。これは製造業とサービス業の垣根を取り払う概念で、たとえばアルコール飲料を製造するメーカーが、直営のバーやレストランなどをつくり自社商品を提供するサービス業に乗り出すような例が挙げられる。その逆に、おいしい料理を提供するレストランが自店の人気メニューをレトルト食品に加工して販売するように、サービス業が製造業化する例も少なくない。

また、斬新な製品を次々と企画するが、製造は外部に委託するアップルのような企業もある。メーカー的な立場でありながら、自前の工場を持たない企業を「ファブレス」というが、これもサービス・ドミナント・ロジックの概念があらわれた取り組みだといえるだろう。

こういった概念を新商品開発の際に頭に入れておくと、これまでにない発想が思い浮かぶこともある。たとえば、自社が手がけている製品やブランドを活かして、その製品やブランド名がついたクレジットカードを発行するなどしてサービス業にも乗り出す……といったことも考えられる。

製品をサービスに活かす、あるいはサービスを製品に活かすことで、自社がこれまで進出してこなかった領域にまで可能性を広げることができるのだ。

CHAPTER 4-07

新商品の価格を決める

価格決定の3つのアプローチ

原価・競争・需要に注目する

新商品の開発において、どのような価格を設定するかは、収益を左右するだけではなく、その商品が市場に受け入れられるかどうかを決定付ける要因になる。価格を決める手法は、大きく次のような3つのアプローチに分類されることが多い。

①原価に注目して決める……製造原価や営業経費といったコストに希望する利益をプラスする形で価格を決める方法。仕入原価に一定の利益率を上乗せすることもある。

②競争に注目して決める……競合他社の価格設定を参考に価格を決める方法。価格競争になりやすい側面がある。

③需要に注目して決める……消費者の需要をもとに、どんな値段だったら購入してくれるか、ということに焦点をあてて価格を決める方法。

3つの方法それぞれにメリット・デメリットが存在し、また市場の環境や商品の特性によっても向き・不向きが出てくる。次のページから詳しく説明していこう。

〈価格の設定には大きく3つの方法がある〉

●原価、競争、需要に注目した価格設定

原価に注目して決める

コスト
＋
利益

自社の都合で価格を設定する

「製造原価」に「自社が希望する利益」をプラスする方法のほか、「製造原価」に「一定比率の粗利益」を乗せたり、「損益分岐点から導き出した目標利益」を乗せたりする方法もある。

競争に注目して決める

競合の価格
↑参照
自社の価格

競合に負けない価格を設定する

競合他社と差別化しにくい商品の場合は、競合より低い価格をつけるなどして競争力をつける。市場に競合が多いほど、自社の価格設定は競合に影響されやすくなる。値引き競争を引き起こす場合も……。

需要に注目して決める

買い手の心情などで価格を設定する

「値ごろ感」などを考慮して価格を設定する。消費者が「買ってもいい」という価格をつかむことが最大のポイント。商品の特性によっては、高い価格をあえて設定することもある。

原価に注目して価格を決める

まず「原価に注目して決める」方法は、大きくコスト・プラス型プライシングと、マークアップ型プライシングに分類することができる。

コスト・プラス型プライシングは、製品を製造したり販売したりするときにかかるコストに、自社が希望する利益を乗せて価格を決めるシンプルな方法だ。

一方、マークアップ型プライシングは、商品ひとつひとつに希望する利益を想定するのではなく、一定比率の粗利益をコストに乗せる方法だ。小売業など取り扱う商品が多い業種では、マークアップ型プライシングが採用される場合も多い。どの程度をマークアップ（上乗せ）するかは、取り扱う商品によって変わってくる。ブランド品をはじめ高級品についてはマークアップを引き上げることも可能だが、廉価で数多く売ることで利益を確保するような商品では、必然的にマークアップの設定も控えめになる。

このほかに、コストをもとに採算がとれるかどうかの損益分岐点を導き出し、そこに目標利益を加算するターゲット型プライシングというやり方もある。

どの手法も、「原価に注目して決める」ということは同様だが、それだけで価格を決められるわけではない。市場ではさまざまな力学が発生するため、左ページで紹介する「競争に注目して決める」「需要に注目して決める」という概念も取り入れながら検討するのが現実的だ。

競争や需要に注目して価格を決める

２つめの「競争に注目して決める」は、競争が激しい市場において採用されやすい手法だ。たとえば自社が取り扱う商品が他社商品と差別化するのが難しい場合、どうしても価格で購入するかどうかを決められてしまうことが多くなる。そういった状況で、他社よりも高い価格をつけていては、なかなか販売量は増えない。ガソリンスタンドなどで、１円単位で値引き競争がおこなわれるようなケースをイメージするとわかりやすいだろう。この手法では、44ページで紹介した５Ｆ分析を用いると状況を整理しやすくなる。

一方、その市場で大きなシェアを持つ商品の価格に追随する場合も少なくない。業界内で価格の決定権を握るような存在を「プライスリーダー」と呼ぶが、その価格に他社が追随することで値崩れを防ぎ、利益を安定化させるという効果が期待できる。

３つめの「需要に注目して決める」という手法では、消費者が「買ってもいい」と思う価格をいかに設定するかがカギになる。たとえば人気が高く品薄になるような商品では、コストに大きく利益を乗せたり、競合他社の類似品の価格より高い価格を設定したりしても、売れ行きはさほど落ちないだろう。他社より高い価格を設定することで、場合によってはプレミア感を演出することもできる。

いずれの手法も、単純に「品質のよい商品を、安く売ればいい」というわけではなく、**どういう価格なら消費者が満足するのか**を念頭に検討することが大切だ。

心理的価格設定で消費者の心を動かす

消費者が満足する価格を決めるアプローチに、「心理的価格設定」という手法がある。これは**単に価格を下げるのではなく、その価格に対し消費者がどう感じるか、ということに着目した価格設定**を指す。

たとえば98円、1980円、9800円といった中途半端な価格の商品をよく見るが、これは「端数価格」と呼ばれるものだ。100円より2円安くする、1万円より200円安くするといった具合に、キリのいい数値から少し値引きをすることで、実際の値引き幅より大きなお得感をアピールすることができる。

その逆に、端数の出ない「均一価格」でお得なイメージを演出する方法もある。いわゆる「100円ショップ」が最たる例だが、セールなどで500円均一、1万円均一という価格を設定することが功を奏する場合も多い。あるいは、100万円、1千万円といった端数の出ない思い切った価格が高級感に結びつくこともある。98万円ではなく、100万円とすることで、高級品というイメージをつくり出すわけだ。

高級感という意味では、「名声価格」についても覚えておきたい。これは、あえて値下げをしない価格設定で、「高価格であることが品質の証」といった心理に訴えかけるものだ。つまり、価格自体がステータスをあらわすものになっているため、値下げをすると逆効果になってしまう。

慣習価格、差別価格、段階価格の概要

消費者が妥当だと思う価格もあれば、あえて妥当な価格にしないことで購買意欲を刺激する方法もある。まず妥当だと思う価格には、「慣習価格」というものがある。たとえば、缶ジュースは130円という価格設定が当たり前になっているため、よほどのことがない限り、慣習に沿った価格になる。反対に、妥当な価格を逸脱するケースとしては、たとえばコンサートのVIP席にとびきり高い価格をつけたり、あるいは「訳あり品」として非常に低い価格をつけたりと、一般的な価格との差をアピールする手法がある。これは「差別価格」と呼ばれるもので、**高いにせよ、安いにせよ、平均的な価格の商品との差をいかに演出するかがポイント**になる。

このほか「松・竹・梅」や「特上・上・並」、あるいは「3千円コース・5千円コース」といったように、段階的に価格を設定する手法もある。これは「段階価格」と呼ばれるもので、消費者の「予算を基準にした選択」を意識した価格設定だといえる。ちなみに、「3千円コース・5千円コース」の2種類だけの価格設定の場合、3千円コースも5千円コースも同じような選択率になるのに対し、1万円コースを加えて「3千円コース・5千円コース・1万円コース」にすると、5千円コースの選択率が高まることがわかっている。いわば**「おとりの価格」を用意することで、意図した価格の選択率を高めることもできる**ように、価格設定は非常に奥が深い。

CHAPTER 4-08

市場の反応を意識した価格をつける

スキミングとペネトレーション

開発コストやターゲットの違いで価格戦略を変える

新しい商品を世に出すときは、どんな価格をつけるかで、消費者の反応はまったく違ってくる。「良い商品を安く買いたい」という思いは多くの消費者に共通することだが、たとえばこれまでにない革新的な商品を安価で売り出したからといって、即大ヒットとはならないだろう。とくに需要がある程度限定されるような商品は、あえて高値をつける手もある。

新商品の価格設定で覚えておきたいのは、「スキミング」と「ペネトレーション」という手法だ。**スキミングには「上澄みをすくう」という意味があり、新しいものが好きなイノベーターや富裕層を相手に、強気の価格設定をおこなう。**一方、**ペネトレーションは「浸透させる」という意味合いがあり、低い価格を設定することで一気に市場シェアを握る**ような手法だ。スキミングは、新技術を使ったＩＴ機器や人気の高いブランド品などによく使われ、ペネトレーションは日用品でよく使われる。また、開発コストが高い商品はスキミングが使われることが多く、開発コストの低減が見込める商品はペネトレーションがマッチする。

〈スキミングとペネトレーションの概要〉

●新商品の価格設定に有効な2つの手法

スキミング

上澄みをすくう

ターゲット

・イノベーター
・富裕層

狙い

開発コストがかかるなど、利益を出しにくい商品に高値をつけることで採算をとる。

代表的な商品

・IT機器
・ブランド品

ペネトレーション

浸透させる

ターゲット

・幅広い消費者

狙い

開発コストの低減が見込める商品には、最初から思い切った低価格をつけ一気に普及させる。

代表的な商品

・生活必需品
・消耗品

スキミングのポイント

では、スキミングとペネトレーションの詳細を見ていこう。

スキミングは、**他社に先んじて新技術を使った商品を提供できるときなどに有効な手法だ**。とくに、目新しいIT機器などは、少々高い価格設定にしても、「新しいもの好き」のイノベーターをターゲットにすれば、ある程度の売れ行きを見込める。高い開発コストを、高い利益をあげてなるべく早く回収しようとする手法だといってもいいだろう。当然ながら、イノベーターや富裕層が「高価でも買いたい」と思うような魅力ある商品であることが大前提になる。

このような商品は、しばらくして他社が同様の後発品をリリースしたとしても、そのときに価格を下げたり、廉価版を投入したりして柔軟に対応できるという強みがある。実際、IT機器やデジタル家電については、当初はハイエンドなモデルにしぼり、あとでエントリーモデルを出すといった戦略がよくとられる。

また、ブランド品もスキミングによる価格設定が多い商品だ。もともと少数の顧客に高価格で売ったほうがステータスを保ちやすい商品であり、IT機器やデジタル家電と違って、発売から時間が経っても安易な値引きはしないという特徴を持っている。むしろ、**高価であるほど顧客が喜ぶ**という面もあり、同じスキミングが有効な商品でも、消費者のニーズの質が大きく変わってくることに注意したい。

ペネトレーションのポイント

ペネトレーションは、**大量生産が可能な生活必需品や消耗品などで有効になる**手法だ。市場を早期に拡大させる効果があり、競合他社が参入する前に、市場シェアを高めることを狙いとする。

商品を開発する際にコストが少々かかっても、大量生産により将来的な開発コストの低減が見込めるため、思い切った低価格をつける場合もある。いったん市場シェアを握ってしまえば、他社は容易に参入できないため、薄利多売や赤字覚悟のような売り方で一気呵成に市場をおさえることができる。また、そもそも低収益の市場には、参入を躊躇する企業が多いため、**低価格路線そのものが参入障壁になる**面もある。低収益でもボリュームが大きくなれば利益が安定化し、大量生産により生産コストが減少すると、利益幅自体も改善するという好循環が期待できる。

新発売の商品が「お試し価格」といった名目で通常より安い価格で売られるのも、ペネトレーションの一環だといえる。また、スマートフォンやインターネットの接続サービスなどで、初期費用を非常に安くし、月々の利用料金で収益をあげるような手法もペネトレーションに該当するだろう。

このように、新商品の価格は単にコストや利益の関係だけで決まるわけでもないため、市場がどのような反応を示すかということも含め、広い視野を持って検討したい。

CHAPTER 4-09

商品の価格を変更する

弾力性を意識した価格設定

価格の変更に敏感な商品とあまり影響されない商品がある

新商品を発売したあとに、思ったよりも売れ行きが伸びない……といった場合には、価格を下げるなどのテコ入れが必要になることもある。あるいは、物価が上昇したり、原材料が高騰したりといったときは、逆に価格を上げることも視野に入る。

一般的には、**需要量は値下げをすると増加し、値上げをすると減少する**傾向にあるが、なかには価格の変動にさほど影響されない商品もある。値上げや値下げに対する需要や供給の変化を示す「価格弾力性」という数値があり、値上げをしても値下げをしても需要量があまり変わらないことを「価格弾力性が低い」と表現し、値上げや値下げに敏感に反応することを「価格弾力性が高い」と表現する。価格弾力性は、次のような式であらわされ、その数値が1より大きいか小さいかで、弾力性が高いか低いかが分類される。

・価格弾力性＝需要の変化率（％）÷価格の変化率（％）

商品の価格を変えるときは、当然この価格弾力性も考慮しなくてはならない。

〈価格弾力性の概要〉

●需要と価格の変化率で価格弾力性がわかる

$$\frac{\text{需要の変化率(\%)}}{\text{価格の変化率(\%)}} = \text{価格弾力性}$$

上記数値が1より大きい……価格弾力性が高い
上記数値が1より小さい……価格弾力性が低い

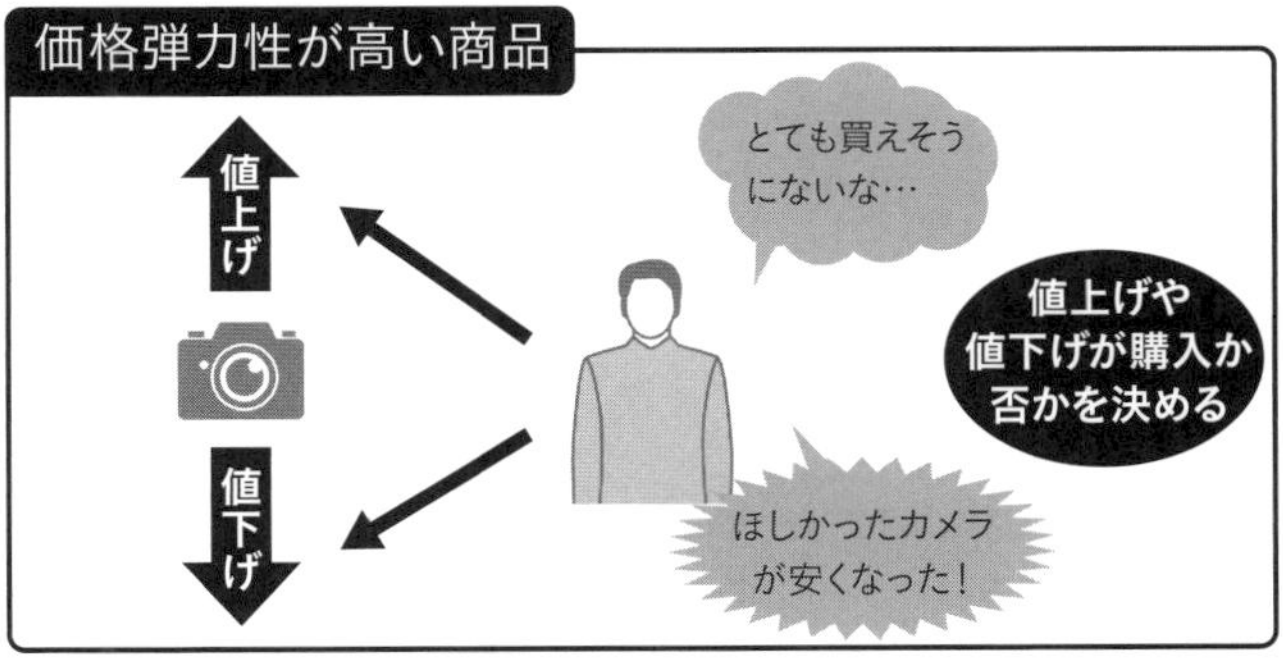

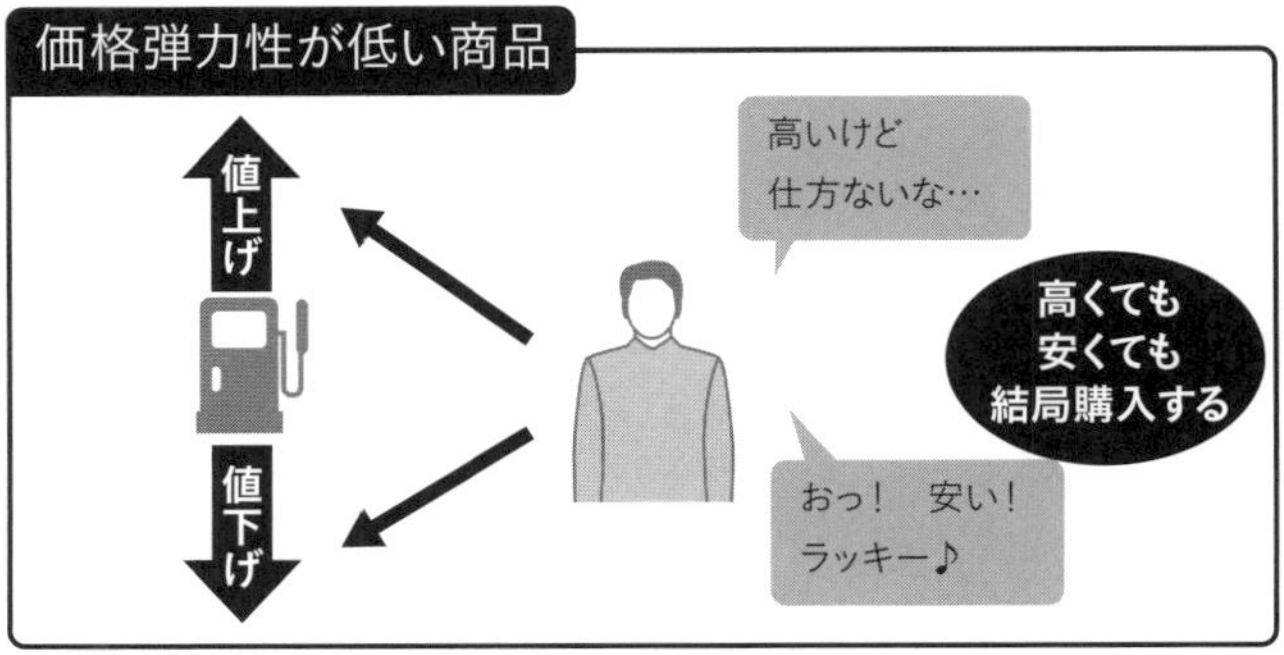

価格弾力性を決定付ける要因

価格弾力性の高さ、低さは、さまざまな要因によって決定付けられる。一般的に、**嗜好品は価格弾力性が高く、生活必需品は価格弾力性が低い**とされている。たとえば自分の趣味に使う商品だと、値下げを機に購入することが多いだろう。一方、ガソリンや食品といった生活必需品は、値上げや値下げにかかわらず、必要に応じて購入されることが多い。これには長期保存が可能かどうかという点も影響しており、ガソリンは自動車のタンクの容量に限界があり、食品には消費期限がある……といった具合に、保存が利かない商品は価格弾力性が低い。生活必需品でも、トイレットペーパーやシャンプーといった保存が利くものは、特売を機に買っておこう……となることも多いように、価格弾力性が高くなる場合もある。

また、同じ商品でも**流通チャネルによって価格弾力性が変化するケースもある**。たとえば出勤途中にコンビニでペットボトルのお茶や缶コーヒーを買う場合は、定価でも気にせず購入する人が多いだろう。しかし、仕事が終わって帰路にスーパーに立ち寄り、家で飲むお茶や缶コーヒーを買う場合などは、定価ではなく、値引きされた商品を手にとることが多いはずだ。

このほか、たとえば旅行商品などは、大型連休中は価格弾力性が低くなり、シーズンオフは価格弾力性が高くなる傾向があるなど、時期によって価格弾力性に変化が生じる商品も意外と多い。

値下げが必ずしもポジティブな効果を生むわけではない

同じように価格弾力性が高い商品を扱っていても、値下げによって劇的に売り上げが増える場合もあれば、期待していたほど増えない場合もある。

たとえば、市場のトップシェアを担うような商品を扱う企業が値下げに踏み切って、大きな成果を挙げたとする。この場合、二番手以下の企業が追随して値下げをしても、さほどインパクトがなく、期待外れに終わってしまうことも多い。価格弾力性の高さ・低さは消費者の購買行動から大きな影響を受けるが、消費者の購買行動自体も競合他社や代替品の影響を受けるため、結局のところ価格弾力性も競合他社や代替品の影響を受ける……ということになってしまう。

また、値下げによって劇的に売り上げが増えても、全体の経済性はむしろ悪化することもある。たとえば商品を思い切って半額にして、販売量が3倍になれば、売上額は150%になる。確かに利益は高まっているが、製品を製造する生産部門の負担が3倍に増えるなど、どこかに無理が生じることもある。

このように、**価格を改めるときは、価格弾力性について検討するとともに、流通チャネルや商品の販売時期、また価格の変更に際し社内のシステムがどう変化するか……ということも考慮しなくてはいけない。**

定価を下げない「割引」という手段

最後に価格のテコ入れの一種ともいえる「割引価格」についてもふれておこう。定価を安くする以外にも、さまざまな形で価格を割り引くことで、市場での存在感を高めることができる。とくに、B to Bの取引にかんしては、慣習的にさまざまな割引がおこなわれているケースが多いため、実務に際し頭に入れておいたほうがいいだろう。

代表的な割引には、「現金割引」がある。企業間の売買は信用取引が多いが、現金で購入することで一定額を割り引くというものだ。より需要の拡大に効果的な割引に、「数量割引」というものもある。多くの数量を購入した取引先には、一定額を割り引くというもので、その原資は大量購入により低減した販売コストや輸送コストの余剰金があてられる。必然的に、市場に流通する量が多くなるため、消費者の認知度が高まるといったメリットもある。

市場での存在感を高めるという意味では、「機能割引」や「アロウワンス」も有効だ。機能割引は、小売店などにマーケティング機能を部分的に担ってもらう代わりに商品代金を割り引くというものだ。アロウワンスは他社の商品より自社の商品を優先的に扱ってもらうことを指し、スーパーやショッピングモールなどに自社商品の特設コーナーをつくってもらう例などが挙げられる。当然、新商品の認知度を高めたいときにも有効になるだろう。

以上のように、**定価の値下げをおこなう前に、割引という手段も検討することで、新たな道が開ける可能性もある**ことは覚えておきたい。

CHAPTER 5

顧客にアクセスする

CHAPTER 5-01

商品購入までの心理プロセスをつかむ

購買行動の諸理論をおさえる

AIDAからさまざまな理論に発展した

消費者に商品をアピールするときに、企業側の思惑ばかりをぶつけていては、決して相手には届かないだろう。**広告やプロモーションにいくら費用をかけても、それが消費者に届いていなければ意味がない**。きちんと心に響く商品アピールをするには、消費者が製品やサービスを購入するまでに、どのような心理プロセスを経るかを理解する必要がある。

消費者が商品を購入するまでの心理プロセスをあらわした理論に「AIDA」という概念がある。これは、Attention（顧客に注目してもらう）、Interest（顧客に商品をアピールし、興味・関心を持ってもらう）、Desire（顧客に商品を欲しくなってもらう）、Action（顧客に購買行動を起こしてもらう）という購買に至るまでの4つのステップの頭文字をとったもので、古典的な概念だが現代のマーケティングにも活かされている。

また、AIDAの4つのステップに、Memory（顧客の記憶）を加えた「AIDMA」や、インターネット時代に対応した「AISAS」という発展形の概念もある。

〈AIDAの概要と発展モデルとの比較〉

●注目、興味、欲求、購買行動からなるAIDA

AIDAの 4 つのステップ

Attention 注目	Interest 興味	Desire 欲求	Action 購買行動
たまたま見かけた商品に注意を払う。	だんだんその商品が気になってくる。	購入したいという気持ちが湧いてくる。	「ほしい!」という欲求に沿い、商品を買う。

AIDAから発展したモデル

●AIDA

Attention 注目	Interest 興味	Desire 欲求	Action 購買行動

●AIDMA…Memory が追加される

Attention 注目	Interest 興味	Desire 欲求	Memory 記憶	Action 購買行動

●AISAS……インターネット時代に対応したモデル

Attention 注目	Interest 興味	Search 検索	Action 購買行動	Share 共有

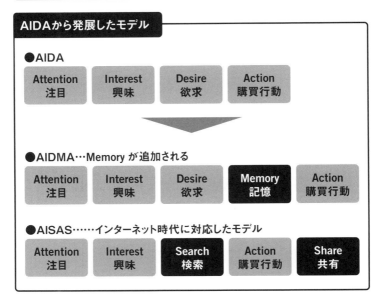

注目、興味、欲求、購入の流れを意識する

ではＡＩＤＡ、ＡＩＤＭＡ、ＡＩＳＡＳについて、その内容を詳しく見ていこう。

ＡＩＤＡでは、まず店頭でのプロモーションやテレビＣＭによって注目(Attention)を生み出す。たとえば行楽シーズンを前に、人気タレントを起用し楽しい旅行のシーンを演出したＣＭを流したとしよう。すると、消費者はそのＣＭに注目し、「次の連休に家族で行ったら楽しいだろうな」などと興味(Interest)を持つ。そして、「旅行パックの料金はいくらだろう？」「いまからでも予約が間に合うかな？」といった商品がほしいという欲求(Desire)が生まれる。そして、家族の合意を得て、旅行会社に足を運び商品を購入する(Action)……といった流れを踏むことになる。

こういった消費者の心の動きを無視していると、「楽しい旅行シーンを演出し、旅行に行きたいと思ってもらう」という発想にはならないだろう。**ＡＩＤＡを意識することで、顧客はどんなキーワードに反応するのか、どんな媒体に広告を出せば顧客に届くのか、といったことに目が向くのだ。**

注目や興味のステップで、消費者に商品の情報をしっかり届け、欲求や購買行動のステップで商品にアクセスしやすくなるような設計を立てることを心がければ、やみくもに商品をアピールするよりも、顧客の心に響く確率は格段に高まるはずだ。

ＡＩＤＡに「顧客の記憶」を加えたＡＩＤＭＡ

ＡＩＤＡを発展させた概念であるＡＩＤＭＡは、欲求(Desire)と商品購入(Action)の間に、顧客の記憶(Memory)が入っていることが最大の特徴だ。興味、欲求に顧客の記憶をあわせた3要素は、ＡＩＤＭＡの「感情段階」として分類されることもあり、消費者の購買行動を決定付ける要因だといわれている。

たとえば旅行商品を購入するときに、手軽な国内旅行なら興味や欲求だけに従ってさっと商品購入を決断することも可能だが、海外旅行ともなると、詳細に検討する場合が多いだろう。そういったケースでは、検討している間に「旅行に行きたい」という欲求が薄れて、「面倒になってきた。もういいや」となってしまう場合もある。それゆえに、顧客の欲求を記憶として定着させたり、薄れた記憶を呼び戻したりする必要がある。海外旅行に行きたいという欲求が残っているうちに、繰り返しテレビのコマーシャルを見たり、海外旅行を特集した雑誌を読んだりしているうちに、決心が固まってきて、購買行動に移るというわけだ。

こういったＡＩＤＭＡの流れを考慮すると、高額な商品になるほど、持続的なプロモーションや広告が有効になってくることがわかる。**欲求が生じた時点で商品購入に至らなくても、それを記憶として定着させていくことで、長期的な効果が見込めるのだ。**マーケターとしては、その場限りのプロモーションや広告だけではなく、顧客の記憶にも配慮して計画を立てる必要がある。

ＤＡＧＭＡＲ理論で広告の効果を測定する

ＡＩＤＭＡを意識して広告を展開したときに、それがどんな効果を発揮したのか……ということは、マーケターなら必ずおさえておきたいことだ。それには、１９６１年にラッセル・Ｈ・コーリーという学者が提唱した「ＤＡＧＭＡＲ理論」という広告の効果測定法が参考になる。ＤＡＧＭＡＲ理論は、ＡＩＤＭＡに似た流れをたどり、「未知」「認知」「理解」「確信」「行動」といった５つの段階に沿って広告を評価する。最大の特徴は、**広告を実施する前に、5つの段階それぞれの目標を設定する**という部分にある。つまり、「未知」「認知」「理解」「確信」「行動」のどの段階に効果を及ぼすために広告を打つのか、ということを事前に明らかにするということだ。

たとえば、自社で人気リゾートホテルと提携した海外旅行の商品を企画したとしても、それが消費者にとって未知の状態なら、商品が存在しないのと同じだ。そこで、「どの程度認知度が高まればいいのか」という目標を設定し、「それをクリアするためには、なにをするべきか」という計画を立て、さらに「計画を実施した結果、どの程度認知度が高まったのか」という評価をすることで、未知の段階を改善するための効果的な広告活動を実現させるわけだ。ＤＡＧＭＡＲ理論は古典的ではあるが、広告活動はどうしても売り上げなど最終的な結果だけで評価されやすく、段階ごとに目標を設定し結果を評価することが軽視されがちなため、マーケティングの実務では必ず頭に入れておきたい概念だ。

「検索」と「共有」を加えたネット時代のＡＩＳＡＳ

ＡＩＤＡやＡＩＤＭＡ、そしてＤＡＧＭＡＲ理論は古典的な概念で、現代の消費者の購買行動とは乖離する場合も少なくない。テレビや新聞、雑誌を主とするマス広告の分野ではマッチしやすい概念だが、インターネットの登場で、ＡＩＤＡやＡＩＤＭＡと必ずしも適合しない購買行動が見られるようになった。そこで２００４年に電通が「ＡＩＳＡＳ」という概念を提唱した。ＡＩＤＭＡとの違いは、Desire（欲求）とMemory（顧客の記憶）の代わりにSearch（検索）が追加され、Action（行動）のあとにShare（共有）が加わっている点である。

実際、現代の消費者が商品を購入するときは、注目、興味まではＡＩＤＭＡと同じ流れをたどっても、そのあとはインターネットを使って商品を検索し、口コミサイトやショッピングモールのレビューなどを参考にしてから、購入に踏み切る……というケースが増えている。さらに、近ごろは実店舗で実物を確かめてから、インターネットで最安値を検索して買う「ショールーミング」をおこなう消費者も少なくない。

こういった検索性に加えて、実際に購入したあとも、商品の使用感などをＳＮＳなどに書き込んで多くの人たちと共有することが、一般的におこなわれるようになってきた。より消費者に沿った広告活動が必要になることはもちろん、**消費者そのものが商品のアピールに大きく関与する**時代になったといえるだろう。

CHAPTER 5-02

広告活動を効果的に展開する

USPやシェア・オブ・ボイスを参考にする

知恵を使えば広告費用以上の効果も期待できる

効果的な広告について、もう少し掘り下げていこう。たとえば1961年に提唱されたUSP(ユニーク・セリング・プロポジション)は、インターネット広告が全盛の現代でも、十分に通用する概念だ。USPの定義は、左のようにまとめられている。

①製品のメリットを消費者に提案する
②広告は競合が真似できない内容にする
③提案は新規顧客をはじめ、多くの人々を引き寄せる内容にする

こういった条件を満たしていれば、競合に先んじる広告活動が可能になる。**そもそも広告効果は、広告にかけた費用だけに左右されるものではない**。たとえば、広告の絶対量ではなく、競合との広告出稿量の違いを比較する「シェア・オブ・ボイス」という概念があるが、競合の広告の手薄な分野を狙っていけば、広告に大きな費用をかけずに高い広告効果を実現することもできる。

〈USPとシェア・オブ・ボイスの概要〉

●商品が持つ独自の強み(USP)が広告効果を高める

USPの三大定義

定義1	定義2	定義3
製品のメリットを消費者に提案する。	広告は競合が真似できない内容にする。	提案は新規顧客をはじめ多くの人々を引き寄せる内容にする。

三大定義を満たせば、インターネット時代に通用する広告になる

●広告の絶対量ではなく、出稿量の差が広告効果を高める

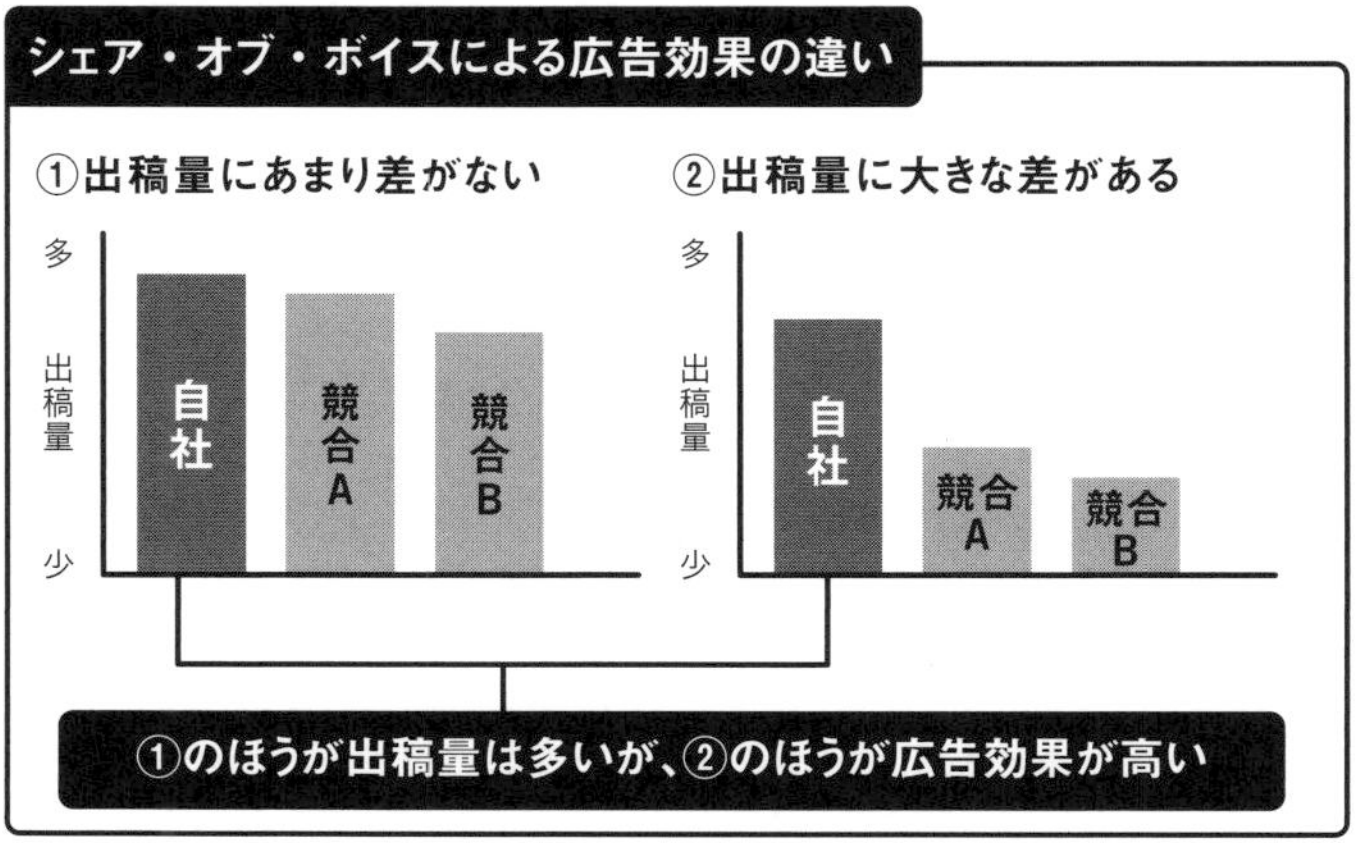

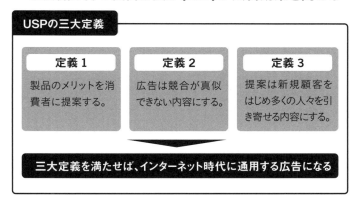

ＵＳＰの三大原則をおさえる

ＵＳＰの三大定義は、いつの時代にも通用する普遍的な概念だといえるが、この定義を裏付ける要素として、次のような「ＵＳＰの三大原則」が挙げられている。

①広告の表現（ストーリー）を頻繁に変更することは、浸透度という点において、広告をやめるのと同様の悪影響がある

②どれほど優れたキャンペーンをおこなっても、キャンペーンのたびに内容を変えてしまっては、継続的におこなわれる競合のキャンペーンに負けてしまう恐れがある

③キャンペーンが卓越したものならば、流行遅れの商品を扱っていない限り、古びた印象にはならない

これらは**広告やキャンペーンに費用をかけて頻繁に変更するよりも、卓越した広告やキャンペーンを粘り強く実施したほうが、消費者の心に訴えやすい**ということを示している。シェア・オブ・ボイスの考え方とリンクさせることもでき、競合する商品の出稿量が少ない分野で、優れた広告やキャンペーンを継続的に実施することができれば、少ないコストで大きな効果を得られるだろう。

シェア・オブ・ボイスは、純粋な広告だけではなく、たとえば製品やサービスをニュースとして扱ってもらうパブリシティなども含まれるため、自社の商品に適合したアプローチで独自性を演出すれば、低予算でも他社を出し抜くことは可能だ。

消費者のマインドシェアを高める

肝心なのは、広告やキャンペーンをうまく活用して、顧客の心のなかに自社商品をいかに根付かせるか……ということだ。市場のなかで、自社商品がどれだけのシェアを得ているかということは、マーケターなら誰でも気になることだと思うが、顧客一人ひとりの心のなかにもシェアはある。これを「マインドシェア」と呼ぶが、たとえば「旅行といえば？」と聞かれたときに、真っ先に思い浮かぶような会社は、マインドシェアが高いといえる。その反対に、なかなか思い浮かばない会社や、思い出してもらえないような会社はマインドシェアが低く、自社や自社商品を消費者の心に根付かせるような広告やキャンペーンが必要だ。

また、マインドシェアの概念では、「この会社の商品なら、安心して購入できる」「この会社の商品は、自分の趣味にあっている」といった好意的な印象を持っている顧客が多いほど、実際の市場でも高いシェアになりやすいとされている。消費者に認知されていても、ネガティブな印象を持たれていては意味がないのだ。

マインドシェアを市場シェアに直結させるには、**自社商品が消費者にどう捉えられているかを的確につかみ、場合によっては自社のポジショニングを再検討することも必要になる。**そのときに、消費者のマインドをポジティブな方向に持っていくのも、広告やキャンペーンの大きな役割だといえる。

CHAPTER 5-03

広告やキャンペーンで好意を引き出す

プロダクト・プレイスメントとコーズ・リレーテッド・マーケティング

「顧客が喜ぶ」を意識する

広告やキャンペーンは、上手に活用すれば自社商品の認知度を高めるだけではなく、消費者の印象を好意的に変化させることもできる。その一方で、**まずい広告やキャンペーンを打つと、好意的な変化どころか、悪印象が根付いてしまう**恐れもある。

好意的な印象を与える広告については、「プロダクト・プレイスメント」という手法が参考になる。これは、テレビや映画、ゲームなどを通じて、自社商品をさりげなく露出させるというものだ。たとえば映画の主人公に自社商品を使わせることで、それを見た観客が同じものを求めて大ヒットした……という事例は少なくない。

キャンペーンやプロモーションの場合、「コーズ・リレーテッド・マーケティング」が参考になるだろう。これは社会貢献と購買行動を結びつけたもので、たとえば顧客がクレジットカードを利用するごとに、一定額が公共性のある団体に寄付されるというような仕組みだ。

このように自社商品をアピールするだけではなく、顧客に喜ばれる施策を練りたい。

〈好意を引き出す広告やプロモーション〉

●プロダクト・プレイスメント

映画やテレビ、ゲームなどに露出させる

●映画　●アニメ　●ゲーム

映画の小道具に
自社製品を提供する。

アニメの舞台になり、
街おこしと連動させる。

ゲーム内の看板などに
自社ロゴを掲載する。

●コーズ・リレーテッド・マーケティング

社会貢献と消費行動を結びつける

顧客がカードを使うごとに、カード会社が公共団体に寄付する

製品やサービスを購入する満足感に加えて、
寄付をするなど社会貢献的な満足も得ることができる。

CHAPTER 5-04

顧客との関係を構築する

ダイレクト・マーケティングから発展した諸理論をおさえる

一方的なアプローチではなくレスポンスを得る

マーケティングの役割のひとつに、顧客との信頼関係を深め、長年にわたって友好的な関係を維持していくことが挙げられる。こういった関係づくりを実現するために、1961年に「ダイレクト・マーケティング」が提唱された。ダイレクト・マーケティングというと、一方的にダイレクトメールを送りつける……といったイメージを持つ人も多いだろう。しかし、**その本質は「顧客からレスポンスを得る」というところにある。**

マス・マーケティングの時代は、テレビのコマーシャルなどを使って、不特定多数を対象に、一方的に情報を届けることが主流だった。ダイレクト・マーケティングは、たとえば試供品の提供などをきっかけに顧客からレスポンスを獲得し、レスポンスをもとに顧客リストをつくって関係を構築していくのが大きな特徴だ。ダイレクト・マーケティングは古い概念だが、**より顧客を細分化した「ワン・トゥ・ワン・マーケティング」や、顧客から許諾を得ることを重視する「パーミッション・マーケティング」にその精神は受け継がれている。**

〈ダイレクト・マーケティングとその進化形〉

●マス中心の取り組みから、個々の顧客に向き合う取り組みへ

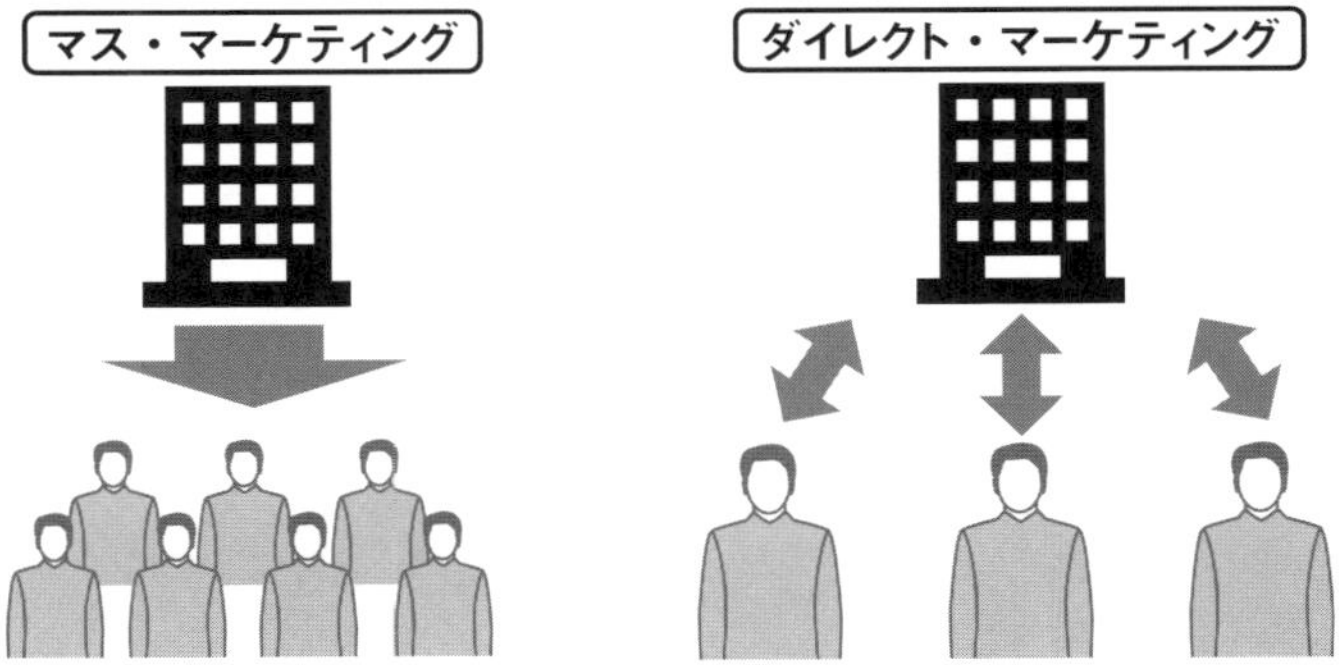

不特定多数の顧客に、
一律な情報を一方的に送る。

厳選した顧客に情報を送り、
また顧客からレスポンスも得る。

●ワン・トゥ・ワン、パーミッション・マーケティングへの変遷

ダイレクト・マーケティング

不特定多数を相手にするのではなく、自社商品にマッチするターゲットにアプローチする。

▼

ワン・トゥ・ワン・マーケティング

顧客一人ひとりの環境やニーズをつかんで、個々に最適なアプローチをおこなう。

▼

パーミッション・マーケティング

望まれない情報を送るなど顧客に不快感をもたれないように、アプローチする前に許諾を得る。

一人ひとりと向き合うワン・トゥ・ワン・マーケティング

ダイレクト・マーケティングが進化した手法といえるのが、顧客をもっと細分化してアプローチする「ワン・トゥ・ワン・マーケティング」だ。ワン・トゥ・ワン・マーケティングでは、自社の顧客に一律の情報を送るのではなく、**個々の顧客それぞれの詳細なデータを集め、趣味や嗜好、価値観にマッチした情報を送る**ことが大きな特徴である。

たとえばインターネットでサイトを閲覧するときも、サイトの閲覧履歴からユーザーの興味分野などを推定し、最適なバナー広告を表示する……といった手法がすでに一般的なものとなっている。顧客にとっては、自分がまったく興味のない的外れな情報が送られてくることが減り、企業にとっても、情報に対してポジティブな反応を見込める顧客にしぼれるため効率的な広告活動を実現することができる。顧客の誕生日などに特別なキャンペーン情報を送るのも、ワン・トゥ・ワン・マーケティングの一環だ。

ワン・トゥ・ワン・マーケティングは、インターネットなどＩＴ分野だけに限ったことではない。たとえばバーでお酒を飲むときに、バーテンダーが個々の顧客のニーズにあった対応をする……といったアナログな環境でも、ワン・トゥ・ワン・マーケティングのような理念が古くから活かされている。実際には、72ページで紹介したＣＲＭのようなデータ分析手法を活用することになる場合が多いが、顧客を単なるデータの集合体ととらえるのではなく、一人ひとりの内面と向き合うような対応がその本質であることを忘れないようにしたい。

顧客の許諾を取るパーミッション・マーケティング

ワン・トゥ・ワン・マーケティングは、バナー広告のように個々のユーザーにマッチした情報を届けることを主眼としているが、ともすればユーザーに不快感をもたれることもある。実際、ブラウジングをしているときに自分が検索したワードに近い広告ばかりが表示され、なんとなく薄気味悪さを感じたことのある人もいるだろう。バーテンダーが常連客の様子を見て、話しかけるかどうか、あるいはどんな話をするかを決める……といった柔軟な対応が理想的だが、ビジネスの現場ではなかなか実現が難しい。そこで、顧客に不快感をもたれないことに主眼を置いた「パーミッション・マーケティング」という手法が編み出された。

パーミッション・マーケティングは、その名の通り、まず許諾（パーミッション）をとることからはじまる。**顧客に対してあらかじめ許諾をとっておき、その範囲で情報を提供する**というわけだ。たとえば、インターネットの情報サイトなどに会員登録をしたときに、広告メールの配信を許可するか、あるいは、どんなジャンルの広告メールを受け取るか、といったことが選択できるような取り組みを指す。顧客が納得した上で情報を送っているため、当然レスポンス率も高くなる傾向にある。しかしサイトによっては、顧客がメール送付の有無などを一応は選択できるようにはなっているが、「許諾」のチェックボックスに最初からチェックが入っている状態がデフォルトのことも多く、パーミッション・マーケティングの体裁だけを取り入れている例が目立つのが現状だ。

CHAPTER 5-05

顧客に繰り返し利用を促す

ハワード・シェス・モデルで購買行動を分析する

購入の意思決定には3通りの思考が影響する

消費者の購買行動を分析する有用な手法のひとつに「ハワード・シェス・モデル」がある。このモデルは**顧客がよく知る商品ほど、購入のハードルが下がる**ことをあらわしている。

ハワード・シェス・モデルの流れを整理すると、まず消費者は広告などから商品にまつわる刺激を受ける。その刺激は消費者のなかで、「知覚構成概念」として処理される。商品に注意を向ける、情報を集める、といった知覚構成概念を経て、購入の意思決定を担う「学習構成概念」に到達する。学習構成概念では、「①拡大問題解決……未知の商品に対し、綿密に情報を検索する」「②限定問題解決……内容をある程度理解している商品に対し、自分の選択基準を満たしているかをチェックするため、おおまかに情報検索をおこなう」「③反復的問題解決……よく知っている商品に対し、ほとんど情報検索をしない」の3通りのプロセスを経て意思決定がおこなわれる。反復的問題解決に至った顧客=常連客や優良顧客は、高い確率で継続利用が期待できることがよくわかるモデルだ。

〈ハワード・シェス・モデルの概要〉

●「学習構成概念」でどの思考に向かうかがカギ

刺激を受ける（価格・商品特性など）

▼

知覚構成概念（注意、情報収集など）

▼

学習構成概念（3つの思考から1つが選択される）

▼

行動（購入に至る）

学習構成概念の3つの思考

拡大問題解決	限定問題解決	反復的問題解決
未知の商品や、あまり詳しくない商品について、しっかり情報収集をしたうえで意思決定する。	ある程度知っている商品について、自分なりに設定した基準をもとに、簡単に情報収集をしたうえで意思決定する。	自分がよく知っている商品について、ほとんど情報収集をせずに意思決定をする。

よく知っている商品（継続的に利用している商品）ほど、消費者が購入行動に移る際のハードルが低くなる。

顧客の満足と愛着を引き出す

顧客満足と顧客ロイヤリティを高める

よい意味で顧客の期待を裏切る

企業が顧客と継続的に良好な関係を築くためには、「顧客満足」の実現が欠かせない。顧客満足はCustomer satisfactionを訳したもので、CSと呼ばれることも多い。顧客が製品やサービスを購入した際、事前に抱いていた期待に沿ったものであるかどうかが、顧客満足を左右する。**よい意味で顧客を裏切り、満足度を大きく高めることができると、当然ながら継続的に利用してもらえる可能性も高まる。**

顧客満足のほかに、顧客ロイヤリティという概念もある。ロイヤリティは「忠誠心」とも訳されることがあるが、ここでは顧客が製品やサービスを気に入り、愛着を持ってもらったり、ひいき客になってもらったりすることを指す。

顧客満足と顧客ロイヤリティの高さ・低さによって、顧客を左の図のように、伝道師、傭兵、人質、テロリストの4つの層に分類する考え方もある。企業にとっては、テロリストを減らし、伝道師をいかに増やしていくか……ということが大きな課題になる。

〈顧客満足と顧客ロイヤリティの関係〉

顧客満足

製品やサービスが、当初抱いていた期待に沿っているか。

顧客ロイヤリティ

製品やサービスに愛着があるか、ひいき客になっているか。

●顧客満足と顧客ロイヤリティの高低で4通りの顧客層が浮上

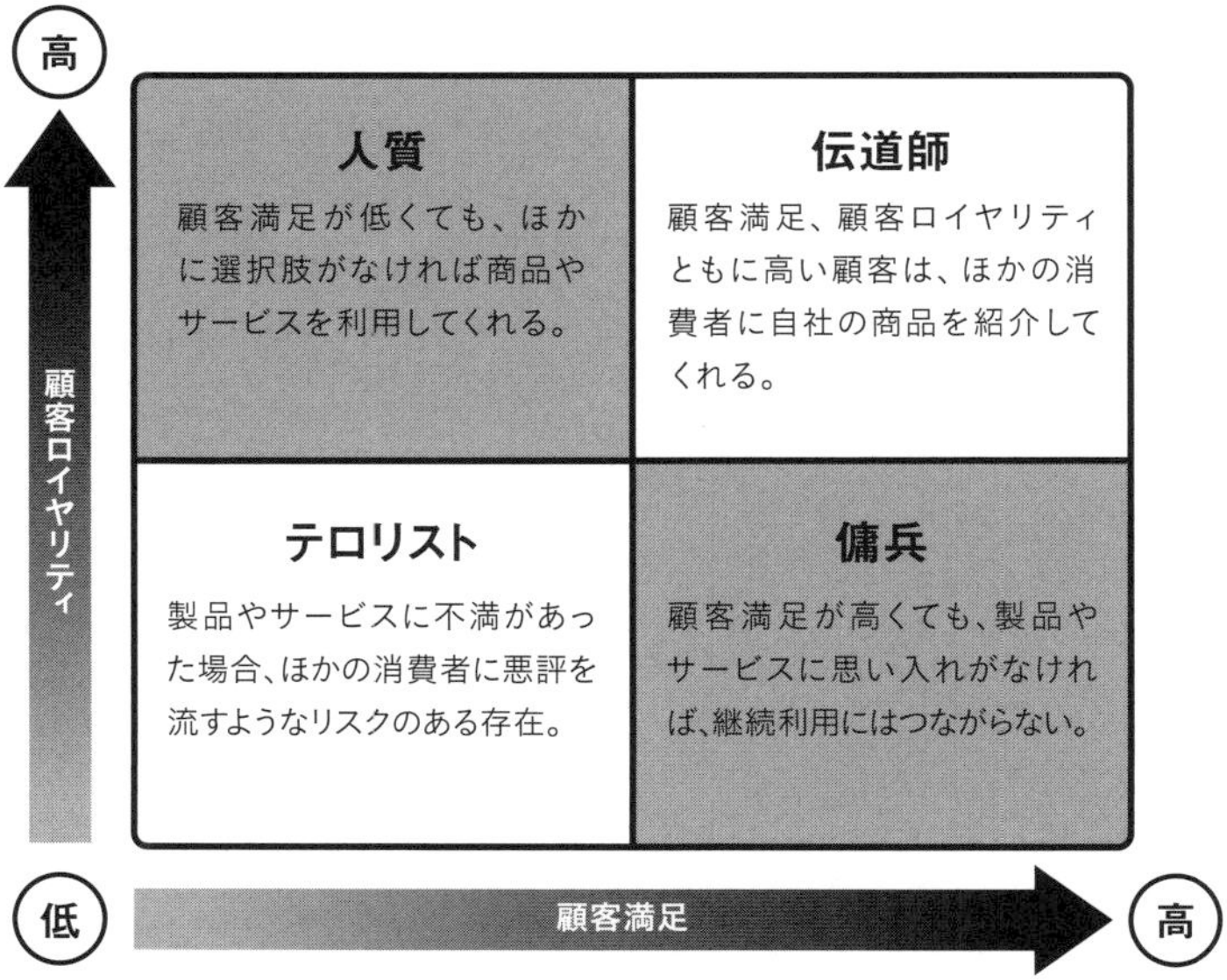
高
顧客ロイヤリティ
人質
顧客満足が低くても、ほかに選択肢がなければ商品やサービスを利用してくれる。
伝道師
顧客満足、顧客ロイヤリティともに高い顧客は、ほかの消費者に自社の商品を紹介してくれる。
テロリスト
製品やサービスに不満があった場合、ほかの消費者に悪評を流すようなリスクのある存在。
傭兵
顧客満足が高くても、製品やサービスに思い入れがなければ、継続利用にはつながらない。
低
顧客満足
高

継続利用が見込める顧客を優遇する

では、顧客満足や顧客ロイヤリティはどのように高めていけばいいのだろうか。すべての顧客を対象に、顧客満足や顧客ロイヤリティを高めるのは難しい。どれほどよい商品を提供しても、そもそも自社の製品やサービスの価値がわからない顧客もいるだろう。また、遠隔地に住んでいる顧客の場合、自社のサービスを気に入ってもらえても、たびたび足を運んでもらうのは難しい。そこで、152ページで紹介したダイレクト・マーケティングのような取り組みが必要になってくるわけだ。

やみくもに新規顧客を獲得するだけではなく、**自社の商品を継続的に利用できる環境にある顧客や、繰り返し利用が見込める顧客を優遇するということは、伝道師のような超優良顧客を生み出すのに有効な手立てだ。**たとえば航空会社のマイレージ・プログラムなどは、自社を多く利用してもらっている優良顧客にポイントを還元したり、無料でラウンジを開放したりしている。また、自動車保険を継続的に利用している顧客のなかから、事故を起こす確率が低い優良顧客の保険料を割り引いたりする取り組みも、超優良顧客を生み出すのに効果があるだろう。

すべての顧客を優遇するのは難しいため、どこに経営資源を投入するかがポイントになるわけだが、かといって一見客にいい加減な製品やサービスを提供しては、伝道師どころか、テロリストを大量に生み出すことにもなりかねないので注意したい。

顧客満足だけではなく、従業員満足も高める

いくら顧客満足や顧客ロイヤリティを高めたいからといっても、企業が顧客のほうばかり向いていては、実現は難しいかもしれない。顧客満足や顧客ロイヤリティは、顧客と直に接する店舗スタッフがどんな対応をするかによっても大きく左右される。「いいサービスをしろ！」と連呼するだけではなく、現場で働くスタッフが仕事に対してコミットメントできるように働きかけないと、顧客が満足するようなサービスを提供するのは難しいだろう。

こういった観点から、顧客満足を高める方法として、従業員満足を高めるという考え方が生まれた。従業員満足は、Employee satisfactionを訳したもので、社員満足やESと呼ばれることも多い。従業員満足は、社内食堂のメニューを充実させる、社員旅行を実施する、といった福利厚生をはじめとする従業員へのサポートで高まる。従業員満足が高まると、生産性が向上したり、社員の定着率が向上したりして、それと連動して顧客へのサービスも向上する。顧客へのサービスが向上すれば、顧客満足や顧客ロイヤリティも向上する。顧客満足や顧客ロイヤリティが向上すれば、売り上げや利益が増し、その収益を従業員満足のために再投資する……といった好循環が期待できるわけだ。

こういったモデルは「サービス・プロフィット・チェーン」と呼ばれる。**顧客満足や顧客ロイヤリティを高めるというと、外部指標ばかりに注目しがちだが、内部への働きかけが外部に対する効果としてあらわれる**ところがポイントだ。

CHAPTER 5-07

顧客の期待を上回るパフォーマンスをあげる

顧客評価の変化を示す期待不確認モデル

「購入前」と「購入後」で比較される

優良顧客を獲得するために必要な顧客満足や顧客ロイヤリティを左右する点として、「期待不確認モデル」という概念もおさえておきたい。消費者は商品を購入するとき、必ずなんらかの期待をする。「このメーカーの製品なら、間違いないだろう」「この金額だったら、そこそこのサービスでいい」といったように、期待の内容はさまざまだが、肝心なことは期待された内容と実際のパフォーマンスが、悪い方向に乖離していないかということだ。

期待不確認モデルによると、**購入前の期待度と、購入後の商品パフォーマンスの評価の差によって、顧客評価が決定される**。期待より商品のパフォーマンスが高いと、当然ながら顧客は満足する。反対に、期待より商品のパフォーマンスが低いと、顧客満足が低く、ロイヤリティも下がってしまうだろう。顧客は企業に対して「きちんとやって当然」という印象を持っているため、ささいなミスで「期待以下」のパフォーマンスになる。「期待以上」のパフォーマンスをあげるには、やはり相応の努力が求められる。

〈期待不確認モデルの概要〉

●パフォーマンスと期待の比較で顧客満足が決まる

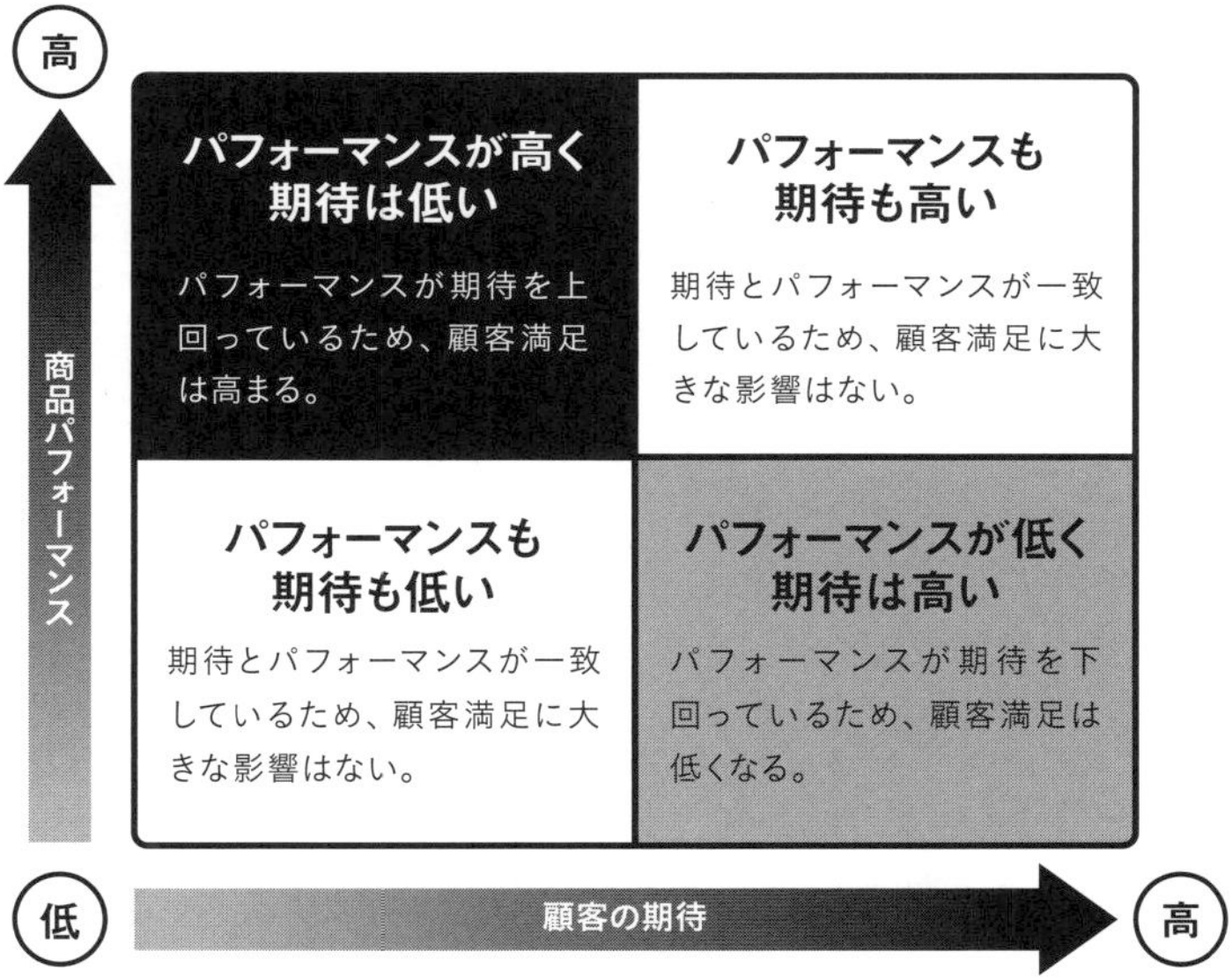
高
商品パフォーマンス
低
パフォーマンスが高く期待は低い
パフォーマンスが期待を上回っているため、顧客満足は高まる。
パフォーマンスも期待も高い
期待とパフォーマンスが一致しているため、顧客満足に大きな影響はない。
パフォーマンスも期待も低い
期待とパフォーマンスが一致しているため、顧客満足に大きな影響はない。
パフォーマンスが低く期待は高い
パフォーマンスが期待を下回っているため、顧客満足は低くなる。
顧客の期待
高

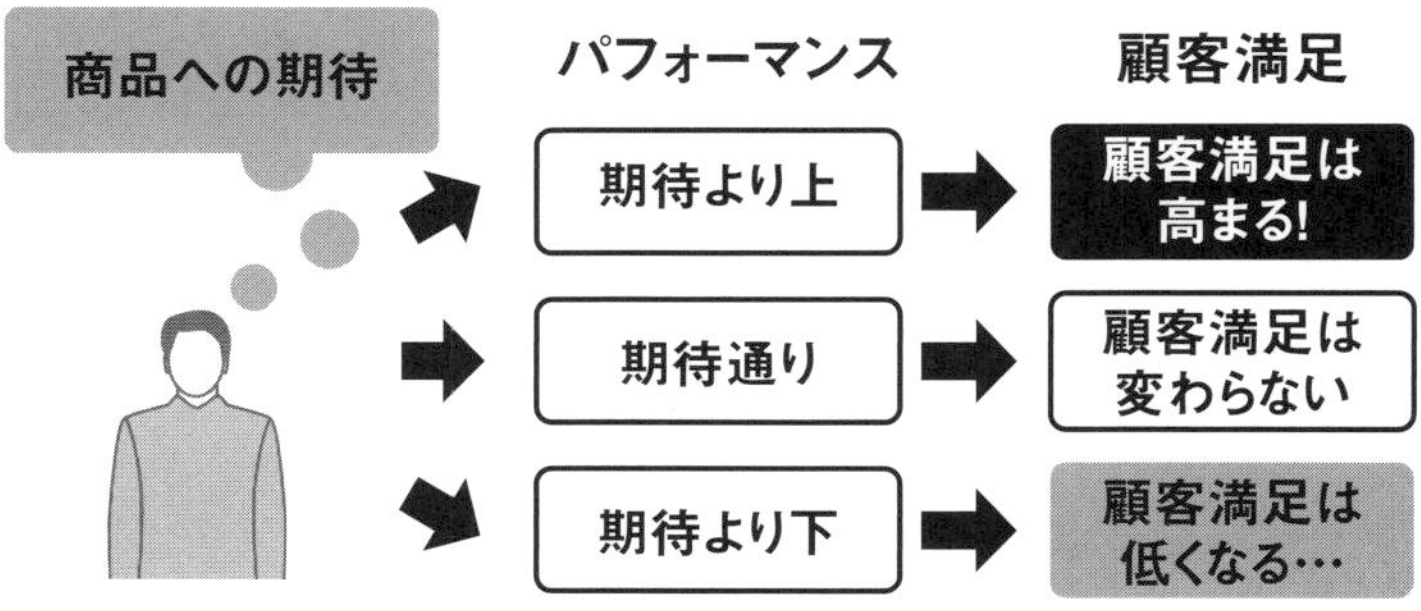
商品への期待
パフォーマンス
顧客満足
期待より上
顧客満足は高まる!
期待通り
顧客満足は変わらない
期待より下
顧客満足は低くなる…

根本的なパフォーマンスを高める

期待不確認モデルの悩ましいところは、期待に対するパフォーマンスで評価されるため、そもそも顧客の期待が低いと、ちょっとしたことでも「期待以上」になってしまうことだ。たとえば、街の小さな食堂に入り、注文したカレーが期待以上においしいと、その顧客は感動し、店の常連になるかもしれない。しかし、雑誌に載るようなカレー専門店に入り、注文したカレーがおいしくても、常連になるほど感動はしないだろう。つまり、期待不確認モデルには、**期待が低いほど、満足度は高くなる**という面もあるのだ。ただ、街の食堂が常連を獲得しても、それを超えるような顧客満足を得られる店があらわれれば、簡単に乗り換えられてしまう。**いったん顧客が満足したからといって、根本的なパフォーマンスを高めなければ、それは長続きしない**のだ。

ただし、根本的なパフォーマンスを高めることにこだわりすぎると、しばしば「モノづくり至上主義」のような顧客視点の欠落した考えに陥ってしまう。肝心なのは、まず顧客のことをよく知り、顧客の抱いている不満を取り除き、要望を満たすという姿勢を持つことだ。これだけで「期待通り」の製品やサービスを提供できる可能性は高まるが、顧客満足や顧客ロイヤリティを高めるには、さらに取り組みを発展させて、顧客の期待を超えていくことに尽きる。ポジティブな意味で期待を裏切るからこそ、顧客に感動が生まれるのだ。

NPSを活用し顧客評価をつかむ

顧客が自社の製品やサービスに満足しているか、あるいはどんな不満や要望を持っているのか、ということを的確につかむのは簡単ではない。そこで、自社の製品やサービスを利用してもらった顧客を対象に、アンケート調査をおこなうという方法もある。

代表的な手法のひとつに、「NPS(ネット・プロモーター・スコア)」というものがある。これは、自社の商品を購入した顧客に対して、「商品には満足しているか」「継続的に利用したいか」「友人や知人に勧めたいと思うか」といった設問を用意し、その回答をもとに指標を出すというものだ。顧客は質問に対して、0点から10点までの11段階の評価をつける。そして、0点から6点までの評価をつけた顧客を「批判者」、7点と8点の顧客を「中立者」、9点と10点の顧客を「推奨者」といった具合に振り分ける。さらに、推奨者の比率から、批判者の比率を引いたものが、NPSの指標として算出される。たとえば推奨者が30%いて、批判者が15%いた場合は、NPSの指標は15%となるわけだ。

15%もの数値を出すのは簡単ではないが、基本的にNPSの指標は高いほど、顧客満足度や継続利用率も高まると考えていい。**NPSの指標が12%を超えると、その企業の成長率は倍になる**ともいわれている。

NPSのほかにも、さまざまなアンケート調査の手法があるので、状況に応じて使い分けたい。

苦情も顧客との関係を深めるチャンス

顧客にアンケート調査を実施するときは、当然だがネガティブな意見や不満が集まることもある。アンケートに限らず、顧客から直に苦情を受け取ることもあるだろう。

こういった苦情を受けたときに、単に「困ったな」などと頭を抱えるのではなく、自社の製品やサービスの問題を把握する機会として、前向きにとらえたい。**ひとつの苦情の背後には、同じような不満や問題を抱えている多くの顧客がいる**と心得るべきだ。

苦情に対する取り組みとしては、とにかく迅速な対応を心がけ、早期に原因を究明し、解決策を打ち出すことに尽きる。その間、ただ顧客を待たせるのではなく、丁寧に状況説明することも忘れてはいけない。企業によっては、苦情に対し現場で対処を判断させず、特定の部署に一任するという方法をとる場合もあるが、顧客一人ひとりに迅速かつ丁寧な対応をするためには、個々のスタッフにある程度の権限委譲をすることも必要だろう。ただし、権限委譲をする場合は、現場のスタッフに正しい顧客満足の知識を身につけさせる必要がある。あまりに柔軟な対応をすると、悪意あるクレーマーにつけ込まれるなど、かえって問題が深まることもあるからだ。

苦情に対し、誠実に対処することで顧客の期待を上回るパフォーマンスとなり、顧客満足や顧客ロイヤリティを獲得することもできる。苦情は必ずしもマイナスの要素ではなく、顧客と建設的に関係をつくりあげていくためのチャンスだと思うべきだ。

CHAPTER 6

ブランド戦略を立てる

CHAPTER 6-01

ブランドの効果と必要性を理解する

優れたブランドは顧客との関係性を深める

ブランド自体が差別化になる

多くの製品やサービスには、それぞれを特徴付けるようなブランドが設定されている。昔は無名の製品やサービスも少なくなかったが、「とにかくよい商品をつくれば、市場は受け入れてくれる」という時代は終焉を迎えた。良質な商品を安価に提供するだけでは、どうしても価格競争のような展開になり、多数に埋もれてしまうのだ。

ブランドには、さまざまな効果があり、高い収益をあげている企業は、ほぼ例外なく強力なブランドを持っている。ブランドの効果として第一に挙げられるのが、自社の製品やサービスと、顧客との関係を深めることだ。市場にはさまざまな商品があふれているが、**自社のブランドと顧客との関係性が深まっていれば、それだけで顧客が自社の商品やサービスを選択する十分な理由になる**。また、優れたブランドを持っていると、商品やサービスだけに留まらず、それを提供する企業に対する信頼感も大きく高まる。このことは、人材採用や取引先との交渉、プロモーション展開などの助けにもなるだろう。

〈ブランドの必要性と効果〉

●ブランドがある企業とない企業の違い

ブランドがある企業	ブランドがない企業
 市場に多数の商品があっても、顧客に選ばれやすくなる。	 市場に多数の商品があると、簡単に埋没してしまう。

〈ブランドの効果〉

顧客との絆	人材採用
自社の製品やサービスを継続的に利用してもらえる。 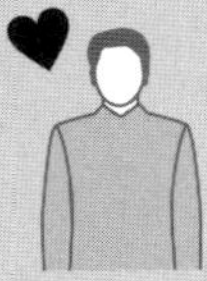	ブランド力の高さに惹かれて、優秀な人材が集まる。 
取引先との交渉	**マーケティング**
信用力や競争力が高まり、交渉を有利に進められる。 	プロモーションなどマーケティング戦略が立てやすくなる。 

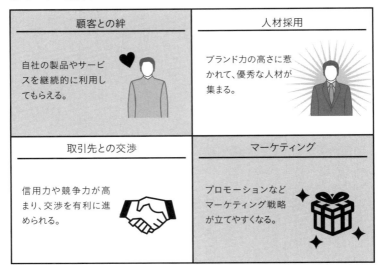

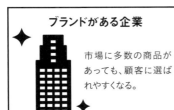

同じコーラでも、ブランドにより味覚が左右される

ブランドの効果を端的にあらわした面白い実験を紹介しよう。これは、ある大学の関係者68人に、2つのコーラの飲み比べをしてもらい、その評価を比較したものだ。一方のコーラには「コカ・コーラ」のラベルが貼られており、もう一方のコーラには「ローラ・コーラ」というラベルが貼られていた。しかし、実際はどちらの中身もコカ・コーラで、ローラ・コーラは架空のブランドのラベルを貼っただけのものだった。

両者の評価を7点満点で集計したところ、コカ・コーラのラベルの平均値が5・67だったのに対し、ローラ・コーラのラベルは5・18と大きな差がついた。ブランドによって、同じ商品でも、評価に差が出てしまうのだ。

このように、**ブランドは単なる名前やマーク、キャラクターなどをあしらって商品を区別するだけの存在ではない**。たとえば、同じ素材、同じ品質、同じカラーのTシャツがあっても、胸元に小さなブランドロゴが入っているだけで、価格に10倍の差がつくこともある。これは商品やサービスにブランドをつけることで、いわゆる「価格プレミアム」が発生したことを意味する。価格プレミアムとは、消費者がブランドに対してほかの商品よりどの程度高く払ってもいいか……という「上乗せされる価格」のことを指す。その源泉にあるのが、158ページで紹介した顧客満足や顧客ロイヤリティだが、ブランド自体がこれらを高める効果も持っている。

人材採用や取引先との交渉にも寄与する

強力なブランドは、自社で働く人たちや取引先にも多くのメリットをもたらす。たとえば企業の営業担当者の場合、ブランドのない商品は価格交渉で足下を見られることもあるが、確かなブランドなら不要な値引きを退けることもできる。マーケティング担当者の場合も、やはりブランドがあればブランドイメージに沿ったプロモーション戦略をとることができ、一からイメージを構築していかなければいけない商品と比べて、最初から大きな差をつけることができる。

新たなブランドをつくり出すことをブランディングというが、一朝一夕で達成できることではない。**世の人気ブランドを思い浮かべると、その多くが長い歴史に裏打ちされている。だからこそ、ブランドには価値があり、また一度築いた価値を傷つけないようにしなくてはいけない。**

ブランド力の高さは、取引先にとってもメリットになる。たとえば小売店の場合、ブランド力が高い製品は価格に対する交渉力も高いため、なかなか仕入れ値の値引きを要求することはできないが、それだけに小売価格も安定的で、一定の利益率を保てる。もちろん、人気ブランドなら集客効果も期待できるだろう。人気ブランドを扱うこと自体が、小売店にとって価値を演出することにつながり、自店が望むような顧客基盤をつくるための助けにもなるだろう。

CHAPTER 6-02

ブランドの機能を活かす
保証機能、識別機能、想起機能の3つに分類

ブランドが消費者の購買行動に大きな影響を与える

ブランドにはさまざまな機能があるが、大きく**「①保証機能」「②識別機能」「③想起機能」**の3つに分類されることが多い。

保証機能は、製品やサービスの質が一定の水準をクリアしていることを、ブランドによって消費者に示すことを指す。「このブランドなら、間違いないだろう」と消費者は安心して購入でき、また企業は品質を保証することで消費者から信頼を得ることができる。

識別機能は、ほかの製品やサービスとは明確に違う商品だということをあらわす機能だ。たとえば果物や野菜は十把一絡げに扱われることも多いが、「有田みかん」「雪国もやし」といったブランドがつけば、ほかのみかんやもやしとは区別されるだろう。

想起機能は、「のどが渇いた！　ジュースが飲みたい」と思ったときに、すぐにコカ・コーラが思い浮かぶ……といった具合に、特定の商品群に含まれるひとつの商品を思い浮かべるときに、ブランドが手がかりになるような機能を指す。

〈ブランドの機能の概要〉

●保証機能、識別機能、想起機能に大別される

保証機能

一定の品質をクリアしていることを示す機能。

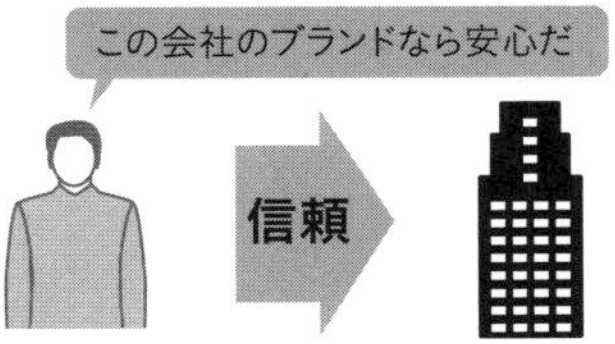

識別機能

ほかの商品とは違うことを示す機能。

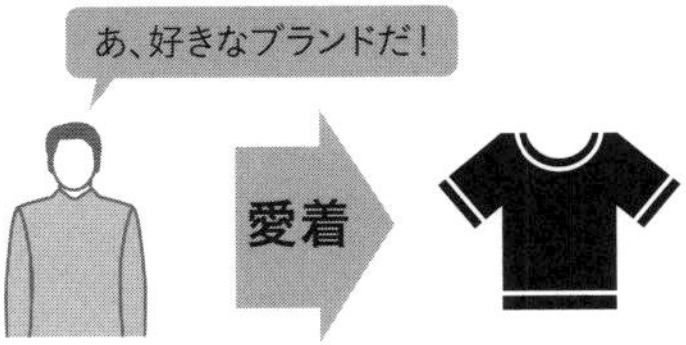

想起機能

商品群のなかから想起されやすくなる機能。

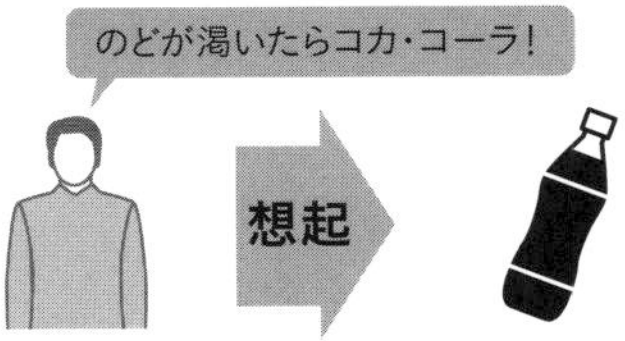

●ほかにもいろいろな機能の分類がある

魅力機能	付加価値として商品の魅力を高める機能。
顧客関係強化機能	継続利用を促すなど顧客との関係を強化する機能。
交渉機能	取引先との交渉などで有利な条件を引き出す機能。

CHAPTER 6-03

ブランドの分類法をおさえる

ブランドにはいろいろな種類がある

一口にブランドといっても、その種類は多種多様だ。ブランドの分け方自体にもさまざまなアプローチがあるが、代表的なのは次の4種類である。

①ナショナルブランド……メーカーが全国的に展開する商品ブランド。地域限定的なものはローカルブランドと呼び、国際的なものはインターナショナルブランドと呼ぶ

②プライベートブランド……流通業や卸売業が自社のチャネルを活用して販売するために、受託製造などを利用してオリジナルの商品をつくること

③ライセンスブランド……自社でブランド資源を保有していない場合などに、使用料を払って他社のブランド資源を自社商品に使わせてもらうこと

④共同ブランド……他社のブランドを組み合わせるなど、共同でブランドをつくること

このほか、「グループブランド」→「企業ブランド」→「マスターブランド」→「ファミリーブランド」→「製品群ブランド」→「個別ブランド」と階層的にとらえる分類法もある。

他社のブランドを活用する場合もある

〈ブランドの分類法はさまざま〉

●代表的なブランドの分類法

ナショナルブランド 有名メーカーや大メーカーのブランド。規模によってインターナショナルブランド、ローカルブランドなどに分類することも。	**プライベートブランド** 流通業や卸売業が主体となって企画するブランド。メーカーのOEMを活用して展開することが多い。
ライセンスブランド 他社のブランド資源を自社商品に利用すること。人気キャラクターの絵柄が入った小物などが代表的な例。	**共同ブランド** 自社のブランドと他社のブランドをかけあわせて新たなブランドを創出すること。異業種間の協業も少なくない。

●階層的にブランドをとらえることも

グループブランド
↓
企業ブランド
↓
マスターブランド
↓
ファミリーブランド
↓
製品群ブランド
↓
個別ブランド

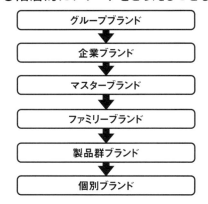

階層的なブランド分類法をチェックする

ブランドのなかには、たとえば企業ブランド「トヨタ自動車」のなかに、個別ブランド「プリウス」があるように、階層的に展開されていく場合もある。階層によるブランドの分け方を整理しておこう。

①**グループブランド**……複数のグループ企業で共有されるようなブランド。たとえば「HITACHI」ブランドは、さまざまなグループ企業で利用されている

②**企業ブランド**……企業名の略称や別称としてつけられたブランド。「全日本空輸」が「ANA」と呼ばれるなど、まったく別の呼称になることもある

③**マスターブランド**……ひとつの企業のなかで事業単位、複数の商品カテゴリー単位でまとめられたブランド。「ファーストリテイリング」が展開する「ユニクロ」や「GU」など

④**ファミリーブランド**……複数の製品カテゴリーを横断するようなブランド。シャンプー、ボディーソープ、石けんなどに展開されている「植物物語」など

⑤**製品群ブランド**……メインとなる製品から派生した商品群も含めたブランド。「コカ・コーラ」から派生した「コカ・コーラ ゼロ」「コカ・コーラ ライフ」など

⑥**個別ブランド**……ひとつのカテゴリーのなかに、複数の商品を投入するようなときに、個々の商品に与えられるブランド。たとえば「セダン」というカテゴリーには、「プリウス」「カローラ」「カムリ」といった個別ブランドが投入されている

プライベートブランドやノーブランドのメリット

ブランドにはさまざまな種類があり、またその分類法もさまざまであることがわかったと思うが、コストを抑えるというアプローチから分類することもできる。

たとえば、プライベートブランドのように広告やプロモーションの投資を抑えることで、低価格で商品を提供するものもある。近年はプライベートブランド自体が、「一般的なブランドの商品と同じ質のものを安く買える」と広く認知され、自身の価値を高めるようなケースもある。一例を挙げると、イオンのプライベートブランドであるトップバリュの商品なら、とりあえず買って安心と手に取る人も多いだろう。

ブランドに対する**コスト削減のアプローチのなかで、究極といえるのが、ブランドを持たないという選択だ**。ブランドを根付かせるには、相当な時間と費用がかかる。価格による競争力が必要な製品やサービスについては、あえてブランディングをせずに、低価格で展開するのもひとつの方法だろう。

また、いったんブランドを築いても、ブランドを拡張する際にまずい製品やサービスを加えてしまうと、ブランド全体の価値が毀損される恐れもある。強力なブランドをつくることは、企業にとって多くのメリットをもたらすが、一方でデメリットにも目を向けて、ブランディングを進めるものと、ノーブランドで展開するものの取捨選択を慎重におこないたい。

CHAPTER 6-04

ブランドの資産価値をはかる5要素

ブランド・エクイティを活用する

ブランドは商品の価値を増減させる

これまでの説明で、ブランドは単なる商品の名前や記号ではなく、企業にとって資産となり得る存在であることがよくわかったと思う。ブランドを金銭的な価値を持つ資産ととらえることは「ブランド・エクイティ」という概念でまとめられている。

ブランド・エクイティは、**ブランド資産とブランド負債の集合で、製品やサービスの価値を増減させるもの**と定義されている。自社のブランド・エクイティを算出するには、「ブランド・ロイヤリティ（顧客がそのブランドをどの程度継続利用しているか）」「ブランド認知（ブランドの名前がどの程度浸透しているか）」「知覚品質（ブランドの品質がどのように評価されているか）」「ブランド・イメージ（ブランドについて考えたときに、ポジティブなイメージがどれくらい想起されるか）」「その他の所有ブランド資産（ブランドにかんする特許や商標をどれくらい持っているか）」の5つの要素を評価する必要がある。5つを順に検討すれば、そのブランドが製品やサービスの価値にどう影響するかが見えてくるはずだ。

〈ブランド・エクイティの概要と算出方法〉

ブランド・エクイティ

ブランド資産とブランド負債の集合で、
製品やサービスの価値を増減させるもの。

●ブランド・エクイティは次の5つの要素から求める

ブランド・ロイヤリティ

顧客がそのブランドをどの程度継続利用しているか。

ブランド認知

ブランドの名前がどの程度浸透しているか。

知覚品質

ブランドの品質がどのように評価されているか。

ブランド・イメージ

ブランドについて肯定的なイメージがどれくらい想起されるか。

その他の所有ブランド資産

ブランドにかんする特許や商標をどれくらい持っているか。

5要素を評価することで、自社のブランドが製品やサービスにどのような影響力を持っているかがわかる。

「過去と未来」「肯定的と否定的」の二軸で分類する

ブランド・エクイティは、「ブランド資産とブランド負債の集合」であることはすでに述べた。つまり、**ブランドは企業によって金銭的な価値を持つ資産であるとともに、企業の足を引っ張る負債になることもある**というわけだ。ブランド・エクイティの算出法は先のページでふれたが、自社のブランドの資産価値をよりイメージしやすい方法を紹介しよう。

まず第一に、経営陣や幹部、一般社員、社外の取引先や顧客に対し、「現在のブランドの評価やイメージ」にどんな印象を持っているかを調査する。

次に、調査で集めた回答を、「未来」か「過去」かという点と、「肯定的」か「否定的」かという点の二軸で分類する。つまり「過去における肯定的側面」「過去における否定的側面」「未来における肯定的側面」「未来における否定的側面」の4つのカテゴリーに分類するわけだ。「過去における肯定的側面」は過去から現在までの成果をあらわし、「過去における否定的側面」は過去から現在までの負の遺産をあらわす。同様に、「未来における肯定的側面」は未来への期待をあらわし、「未来における否定的側面」は先々に危惧される問題をあらわしている。

こういった4つのポイントをまず把握し、そのうえで「現在のブランド資産」について考えてみると、その実像がより鮮明に浮かび上がってくるだろう。

〈ブランドの資産価値をチェック〉

●資産価値を把握する手順

1. 経営陣、幹部、一般社員、社外の取引先、顧客といった幅広い層を対象に、「現在のブランドの評価やイメージ」がどのようなものかを調査する。

2. 調査で集めた回答を、「未来」か「過去」か、「肯定的」か「否定的」かで、下図のような４つのポイントに分類する。

3. ４つのポイントを把握したうえで、下図ポイント５の「現在のブランド資産とその内容」について考えてみる。

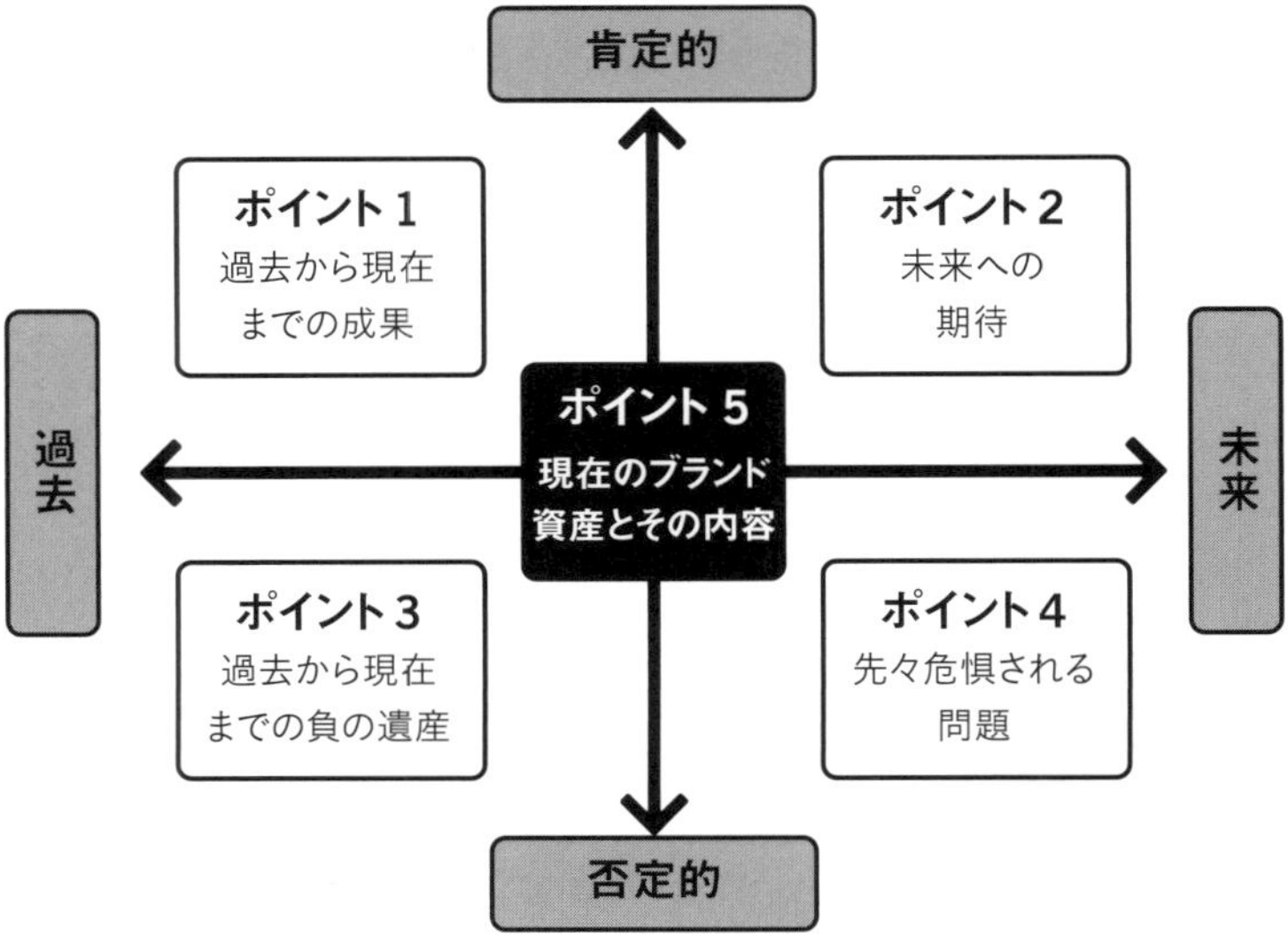

自社のブランドを客観的に評価する

顧客目線のブランド・レゾナンス・ピラミッド

2つのルートでブランドを分析する

ブランドの価値を別のアプローチからもはかってみよう。「ブランド・レゾナンス・ピラミッド」というフレームワークでは、「①アイデンティティ（顧客がどんなブランドイメージを持っているか）」「②ミーニング（顧客にとってブランドにはどんな意味があるか）」「③レスポンス（顧客がブランドにどんな好意を持っているか）」「④リレーションシップ（ブランドと顧客は望ましい関係性にあるか）」を順番に分析していくことで、ブランドの価値をはかることができる。

左ページの上の図にあるように、「②ミーニング」は、イメージとパフォーマンスに分けることができる。また「③レスポンス」は、感情と判断に分けられる。イメージと感情は「感情・感性的ルート」、パフォーマンスと判断は「理性的ルート」に分類でき、左ページ下段にあるような流れで検討していく。やや複雑な概念だが、**顧客目線でブランドの価値を整理できる**という点で有用だ。

〈ブランド・レゾナンス・ピラミッドの概要〉

●アイデンティティからリレーションシップまでを順に検討する

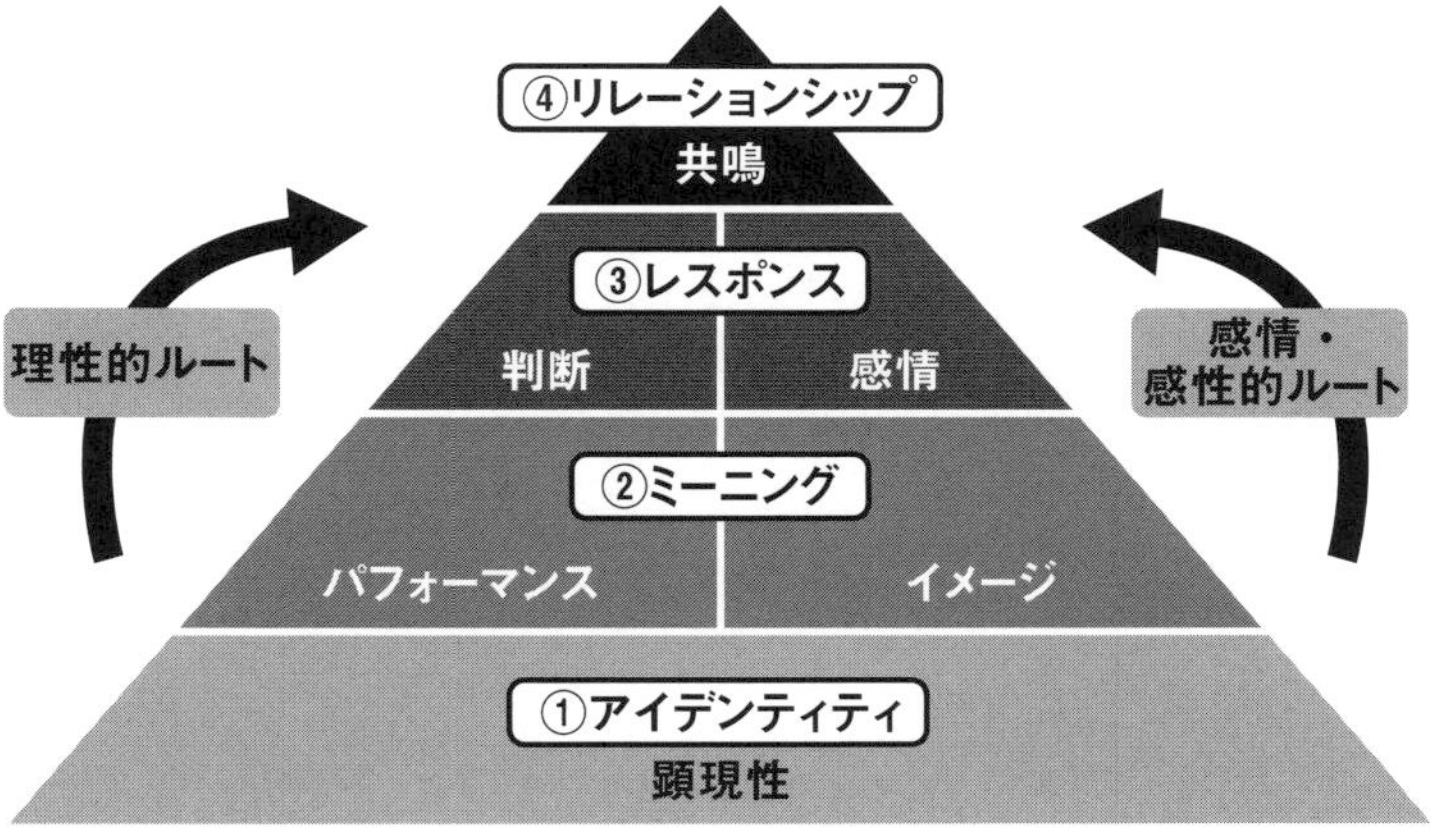

●ミーニングからルートが2つに分かれる

①アイデンティティ

顕現性……ブランド名と商品のカテゴリーが理解・記憶されているか。

②ミーニング

パフォーマンス……顧客の求める機能性を満たしているか。

イメージ……誠実、親近感、洗練、都会的など肯定的イメージがあるか。

③レスポンス

判断……品質や信用、利便性などが理性的に肯定されているか。

感情……楽しさ、感動、安心感などポジティブな感情を持たれているか。

④リレーションシップ

共鳴……ブランドに愛着や愛情、ロイヤリティを持たれているか。

CHAPTER 6-06

ブランドを適切に管理・運用する

ポートフォリオで俯瞰・体系化する

複数のブランド資産を組み合わせる

最後に、自社のブランドの管理方法もチェックしておこう。**複数のブランドを持つ企業の場合、それぞれの位置づけが曖昧になっているケースも少なくない**。ブランドを適切に管理して円滑に運用するためには、複数のブランドを俯瞰・体系化する「ブランド・ポートフォリオ」の概念を取り入れると効果的だ。

たとえば、複数の高級レストランとカジュアルレストランを運営する企業ならば、「高級志向」と「お手軽志向」にブランドを明確に分けることで、高級レストランのイメージにカジュアルなイメージがつかないようにすることができる。

また、多数のコンセプトを持つ飲食店を展開するような企業ならば、ブランドを細分化し、ひとつのブランドごとの出店数をしぼることで、ブランド価値を保つこともできるだろう。もともと大きなブランドで一括りにしていた事業から、有望なものを抽出して、別ブランドとして展開するような方法もある。

〈ブランド・ポートフォリオの例〉

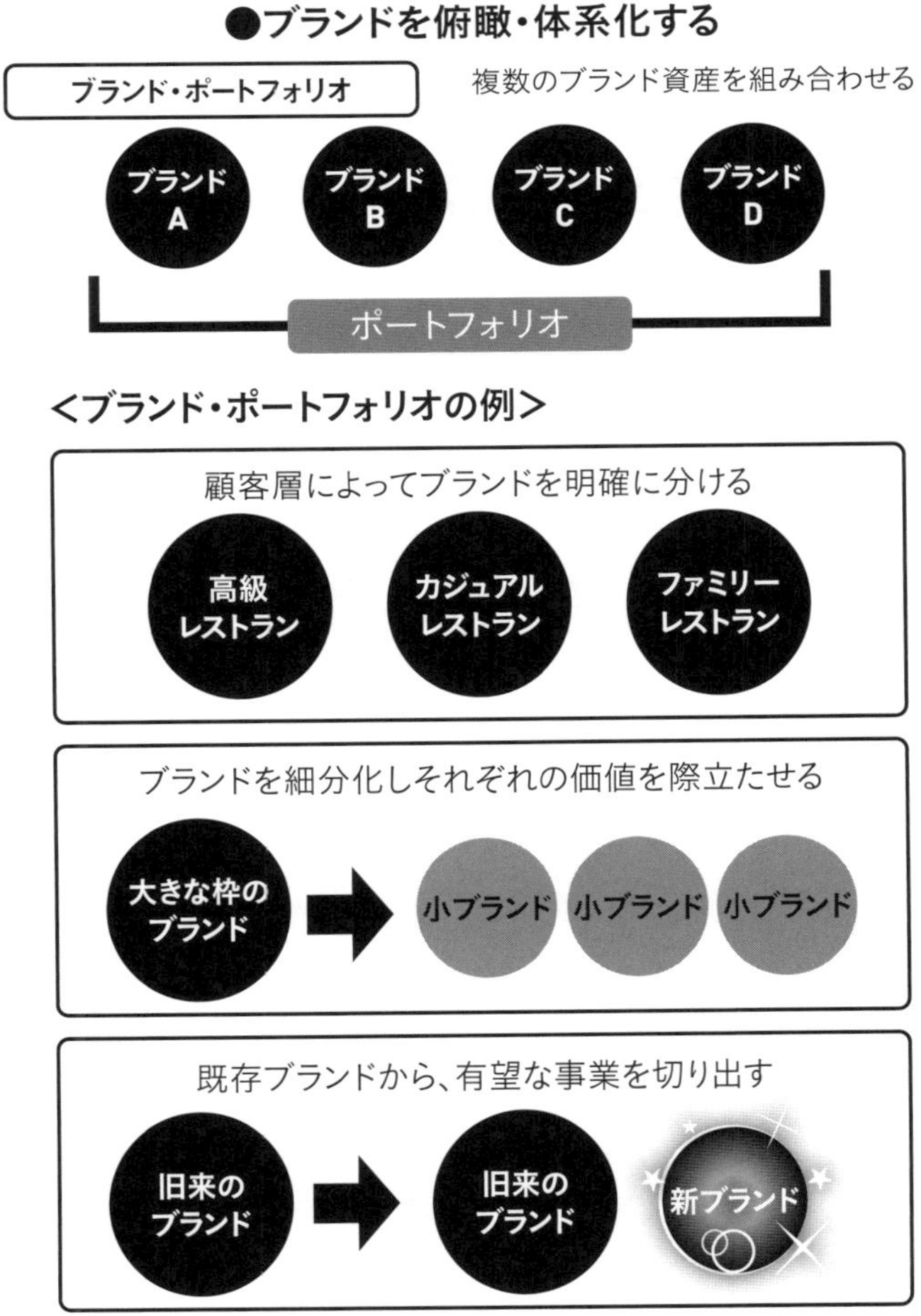

ブランド・ポートフォリオを活用して戦略を立てる

ブランド・ポートフォリオを使った戦略の立て方については、**「①ブランド・ポートフォリオ」「②ポートフォリオ・グラフィックス」「③ブランド・ポートフォリオの構造」「④ブランドの範囲」「⑤製品・サービスの役割の明確化」「⑥ポートフォリオでの役割」**について検討することで、おおまかな方向性が見えてくる。では、それぞれの項目を順番に見ていこう。

まず「①ブランド・ポートフォリオ」は、自社にとって必要なブランド、整理するべきブランドを仕分けすることだ。「②ポートフォリオ・グラフィックス」では、自社の複数のブランドがどのような関係性を帯びているかを整理する。ポートフォリオ全体にシナジー効果やレバレッジ効果が生じるように、ブランドとブランドを組み合わせることがポイントだ。「③ブランド・ポートフォリオの構造」は、自社のブランドの優先順位を整理すること。ブランドをどう構築するか……といった計画が将来的な事業戦略とマッチするように、うまくポートフォリオの構造を組み立てることが肝要となる。

そして「④ブランドの範囲」で、ブランドの可能性を見据えて、ブランドを適用する範囲を決めていく。「⑤製品・サービスの役割の明確化」は、どのブランドが成功しそうかをチェックし、有望ブランドでの製品やサービスの役割を明らかにする。最後の「⑥ポートフォリオでの役割」で、事業戦略でポートフォリオが担う事柄を整理する……という流れだ。

CHAPTER 7

Webマーケティングを活用する

CHAPTER 7-01

Webマーケティングの基礎知識をおさえる

Webを絡めた戦略は欠かせない

「ブランドの構築」と「ダイレクトレスポンス」が狙い

インターネットの活用が当たり前になった時代、Webマーケティングなしでは、もはやマーケティング戦略は成り立たないといっても過言ではない。

Webマーケティングは、基本的にインターネットを絡めたマーケティング全般を指すが、たとえばメーカーならWebでの直販で顧客とダイレクトに取引したり、ブランドサイトを通じて顧客に商品を紹介したりと、Webマーケティングが販売戦略の中核を担っている場合も多い。

Webマーケティングの実務的な目的としては、「ブランドの構築」と「ダイレクトレスポンスの獲得」に大別できる。コーポレートサイトから個々の製品やサービスのキャンペーンサイトまで、ブランディングにおけるWebサイトの役割は非常に大きい。ダイレクトレスポンスの獲得については、営業活動などにおいて顧客から直接的なアプローチを受け、一人ひとりの顧客ごとに応対するような取り組みだ。

〈Webマーケティングの目的と効果〉

●Webマーケティングの目的

ブランドの構築

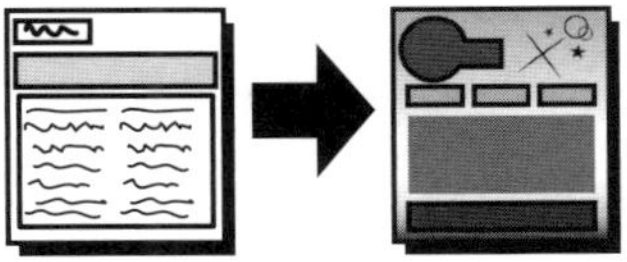

コーポレートブランドから個別ブランドまで、Webサイトはブランディングに欠かせない。

ダイレクトレスポンスの獲得

顧客が企業に直接アプローチできるような仕組みをつくり、企業側も個々の顧客に応対する。

●Webマーケティングの効果

〈ビジネスホテルを運営する企業の場合〉

Webマーケティングがある場合

スマートフォンでホテルを検索し、その場で予約する。決済もネット経由で済ませる。

Webマーケティングがない場合

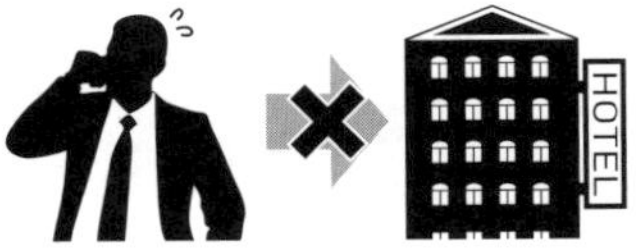

電話帳や口コミでホテルを探さざるを得ず、決済も事前に済ませることができない。

アウトバウンド型とインバウンド型のマーケティング

そもそもマーケティングには、アウトバウンド型とインバウンド型がある。アウトバウンド型は、企業が消費者を特定せず、一方的にメッセージを送るようなマーケティングを指す。当然、消費者一人ひとりの関心やニーズなども考慮されないため、せっかく情報を届けても、黙殺されることもあれば、悪くすれば不快感を持たれることもあるだろう。

一方、インバウンド型のマーケティング（インバウンド・マーケティング）は、**消費者が主体的に情報を探し、そのアプローチに対して企業が応えるような形をとる**。たとえば、アピールしたい商品やサービスの情報を掲載したWebサイトをつくり、消費者がそれを検索して自社サイトを訪れる。消費者が主体的に情報を検索しているため、アウトバウンド型のように不要な情報を送りつけるような印象はもたれない。ただ、この時点でWebマーケティングを活用して、自社サイトに誘因するような仕組みづくりは必要だろう。首尾よく自社サイトにアクセスしてもらったときのために、製品やサービスの情報を吟味しやすく、また魅力を帯びるようなデザインを施す必要もある。

アプローチ自体は消費者からだが、企業としてもSNSをはじめとする各種Webサービスを活用して、うまく双方向のコミュニケーションをとりたい。このようにして段階を踏みつつ企業と消費者との関係を深めていき、最終的にはひいき客やアンバサダーのような存在になってもらうことを目指したい。

Ｗｅｂマーケティングの基礎用語をおさえる

Ｗｅｂマーケティングをおこなうときに、「とにかく見栄えのいいサイトをつくりたい」といった具合に、漠然とした目的でスタートしてしまうことがある。まずはＷｅｂマーケティングでできること、できないことを明確にした上で**ＫＧＩ**を設定するなど、戦略的にゴールを設定する必要がある。ちなみにＫＧＩとは、重要目標達成指標のことを指す。最終的な目標を設定し、その達成度合いを定量的に示す数値だ。ほかにも、Ｗｅｂマーケティングにはおさえておきたい用語がいくつかある。以下に代表的なものを挙げてみよう。

・**ＰＶ**……ページビューの略で、サイトが何回閲覧されたかを示す。同じユーザーが訪問していても、閲覧ごとに１ＰＶとカウントされる

・**ＵＵ**……ユニークユーザーの略で、サイトを訪れたユーザーの数をあらわす

・**ＣＶ**……コンバージョン。サイト閲覧者が最終的に商品の購入にいたることを指す用語。コンバージョンをＵＵで割った数値をＣＶＲ（コンバージョン率）という

・**ＫＰＩ**……重要業績評価指標。最終的な目標を設定するＫＧＩに対し、目標達成に必要な具体的なプロセスの達成度合いを示す数値で、主に進捗を確認するために使われる

Ｗｅｂサイトの制作を依頼する企業と打ち合わせなどをおこなう際は、こういった**キーワードに対する基本的な知識と、その役割は頭に入れておきたい**ところだ。

検索行動への対策をとる

Web時代には外せないサーチエンジン・マーケティング

インバウンド・マーケティングのように、**消費者や取引先がWebでの検索行動を経てアプローチしてくるようなケースが増えている昨今、検索エンジンを活用したマーケティングは欠かせない**。検索エンジンを絡ませたマーケティングの手法を「サーチエンジン・マーケティング」というが、これは大きくSEOとリスティング広告にかんする取り組みで構成される。

SEOとリスティング広告が大きな柱

SEOとは、Search engine optimizationの略で、検索エンジン最適化と訳される。特定のキーワードで検索されたときに、自社のサイトや商品を上位に表示させることを目的とする。一方、リスティング広告は検索結果ページの上位に表示される広告を指す。比較的低コストで広告を出稿することができ、どの程度の反響があったか効果の検証をしやすいという特徴がある。このほか、ソーシャルメディアを利用してアクセスを活発化させる「SMO(Social media optimization)」という取り組みもある。

〈サーチエンジン・マーケティングの概要〉

●SEOとリスティング広告に加え、SMOも活用される

SEO

検索エンジンで自社や商品を上位に表示させる取り組み。

主な施策

・検索エンジンのクローラーが自社サイトの情報を取得しやすいようにする。
・検索エンジンが自社サイトの情報を適切に読み取れるようにする。
・外部の有力サイトなどから自社サイトへの被リンクを増やす。

近年は、小手先のテクニックで検索順位を操作するような方向から、コンテンツそのものの価値を高めて、検索エンジンから高い評価を受けるという対策に移りつつある。

リスティング広告

「検索結果」のページなどに自社の広告を表示する取り組み。

主な特徴

・広告が表示された場合だけ課金されるなど、比較的低コストで運用できる。
・広告を出稿してから、消費者の目にふれるまでの期間が短い。
・広告表示回数やクリック回数など広告効果の検証が容易にできる。

通常の広告と比べて、リスティング広告にはさまざまなメリットがある。広告に予算をあまり割けない中小規模の企業にもマッチした方法だといえる。

SMO

SNSなどで消費者に自社や商品を認知してもらう取り組み。

価値あるサイトをつくるコンテンツ・マーケティング

ＳＥＯは古くから検索順位を上げるさまざまなテクニックが生み出されてきたが、検索エンジン側もそれに対抗する手段を講じるなどして、いたちごっこの様相を呈していた時代もあった。たとえば、被リンクを集めるだけのサイトを大量につくり、そこから無数のリンクを張って「価値あるサイト」と思わせるような方法だ。一昔前は、このような単純な手法で内容に乏しいサイトが検索結果の上位に表示されることもあった。

しかし、検索エンジンのアルゴリズムも年々精度を増してきて、そのような小手先のテクニックは通用しなくなってきた。そういった状況で、消費者に見てもらえるのは、本当に価値のあるコンテンツだけだという原点回帰的な動きがあり、「コンテンツ・マーケティング」が活用されるようになってきた。

コンテンツ・マーケティングは、その名の通りコンテンツの内容で勝負する手法だ。ただし、ＳＥＯとは無縁であるわけではなく、たとえばコンテンツのキーワードをＳＥＯと親和性があるものにするなど、**SEO的な取り組みはいつの時代にも必要だ。**

消費者にとって価値のあるコンテンツならば、ツイッターやフェイスブックといったＳＮＳを通じて、ほかの消費者へとその価値が伝播されていくことも見込める。それ自体が検索エンジンにとっての評価となり、ＳＥＯ対策になるともいえるだろう。

双方向的なやり取りを可能にするソーシャルメディア

SMOで活用されるソーシャルメディアのもっとも大きな特徴は、企業からの一方通行的なアプローチではなく、消費者との相互関係による情報のやり取りが可能になる点だろう。たとえばソーシャルメディアの企業アカウントを使って、同じサービスを使うユーザーに、一度に自社の製品やサービスの情報を流すことができる。その情報に対して、ユーザーがどのような反応を示したか、ということも早い段階でつかめるはずだ。「ユーザーの声」を聞くという意味では、ソーシャルメディアの検索機能を使うだけでも、生の声に近い情報を拾うことができる。

ソーシャルメディアによって、さまざまな特徴があるため、どのサービスを利用するか迷うマーケターもいるだろう。しかし、その選択はシンプルに考えていい。SNSではツイッターやフェイスブックにLINE、ブログサービスではアメブロ、動画共有サービスではユーチューブやニコニコ動画といったさまざまなサービスがあるが、日進月歩のインターネットの世界では当然、サービスにも隆盛がある。SNSやブログサービスにおいても、一時期は多くのユーザー数を誇っていたが、いまは見る影もない……というケースが少なくない。こういった場合、**取捨選択の基準になるのは、やはりユーザー数だ**。企業がSMOをおこなう大きな理由として、より多くの消費者にアクセスできることが挙げられるが、それだけにユーザー数の動態は常にチェックしておきたい。

口コミをマーケティングに活用する

バイラル・マーケティングとバズ・マーケティング

消費者の抵抗感の少ない手法

ソーシャルメディアなどで発生する「口コミ」を利用したマーケティングのひとつに、「バイラル・マーケティング」という手法がある。バイラルとは、病原体のいわゆる「ウイルス」を意味しており、人から人を通じてウイルスが増殖するように話題が広がっている様を表現している。口コミは、**自分の友人をはじめ近しい人からのアプローチが多いため、企業から商品をすすめられるより抵抗感なく受け入れるケースが多い**。

同じく口コミを利用したマーケティングに、「バズ・マーケティング」という手法もある。ソーシャルメディアなどで急に話題になることを「バズる」などと表現することもあるが、こういった爆発的な口コミを人為的に発生させる手法だ。

バイラル・マーケティングが特定の商品の情報を人から人に伝えていくのに対し、バズ・マーケティングはインターネットなどを介して話題自体が爆発的に広まっていくという違いがある。

〈バイラル＆バズ・マーケティングの概要〉

●同じ口コミでも、広がり方は異なる

〈バイラル・マーケティング〉

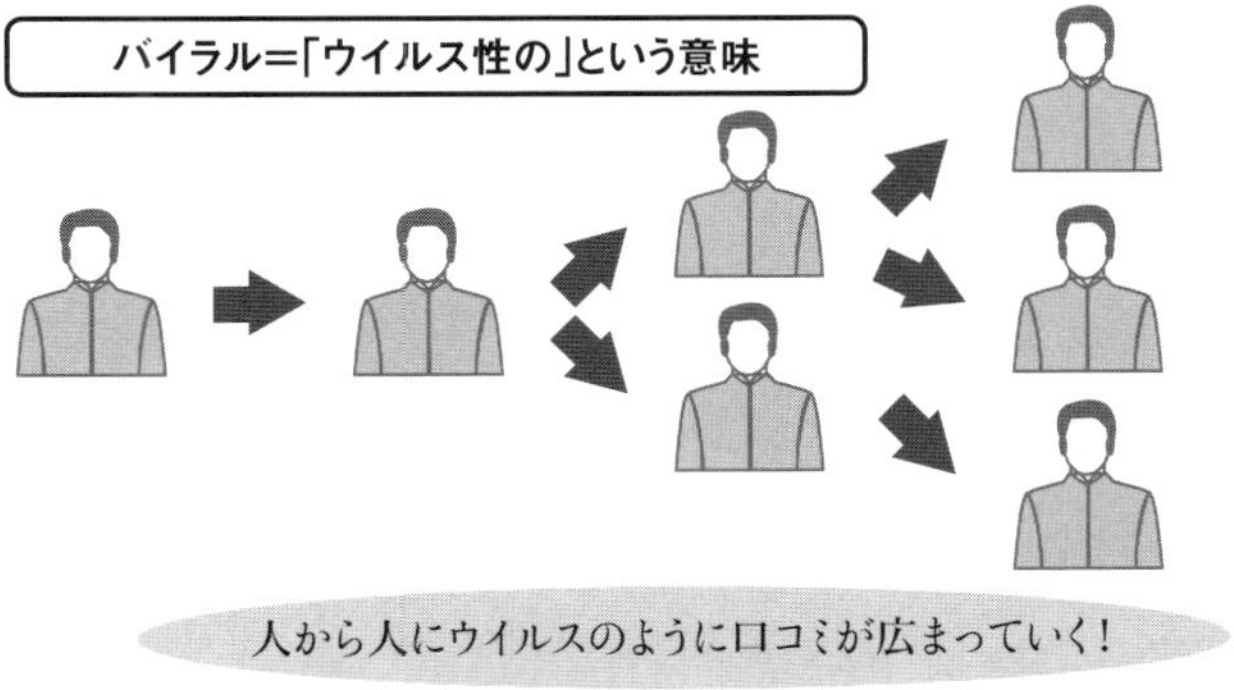
バイラル＝「ウイルス性の」という意味
人から人にウイルスのように口コミが広まっていく！

〈バズ・マーケティング〉

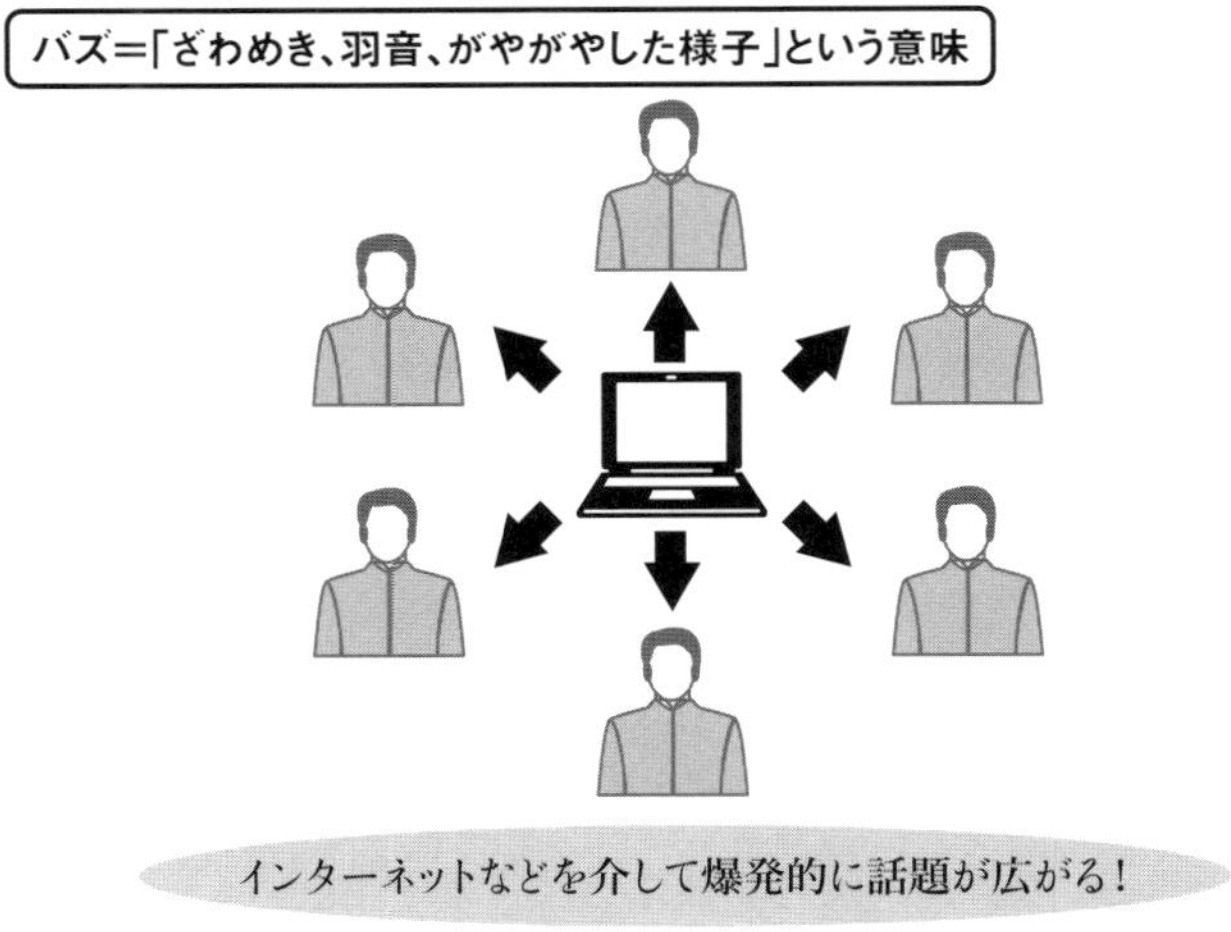
バズ＝「ざわめき、羽音、がやがやした様子」という意味
インターネットなどを介して爆発的に話題が広がる！

バイラル・マーケティングの概要

では、バイラル・マーケティングについて、もう少し詳しく見ていこう。バイラル・マーケティングの歴史は意外と古く、その端緒となったのは、無料のｅメールサービスとしてインターネット黎明期に人気を集めた「ホットメール」だ。

ホットメールは、無料で使える代わりに、メールの下部に「P.S. Hotmailで無料電子メールを入手しよう」というメッセージが自動的に挿入される仕組みだった。つまり、ユーザーは意図しない形で、自分がメールを送った相手に、ホットメールをすすめるような役回りになっていたというわけだ。

現在でも、多くのソーシャルメディアには、「友だちに紹介する」「友だちにメッセージを送る」といった共有ボタンが実装されており、口コミを利用して人から人に情報を広げていくような仕組みができている。当然、バイラル・マーケティングをきっかけに「バズる」こともあり得るだろう。

バイラル・マーケティングのなかには、無料のサービスを提供する代わりに口コミに参加してもらう、商品を紹介してくれた人に報酬を支払う……という手法もあるが、理想的なのは**自分が本当に好きな商品を、自信を持って友人や知人にすすめてもらう**ようなアプローチだ。

バズ・マーケティングの概要

バズ・マーケティングについては、提唱者のルネ・ダイが、口コミで注意するポイントについて、次のような要素を挙げている。

まず「**エッジのきいた商品だけが口コミの価値があり、高い口コミ効果を実現する**」ということ。どう口コミを発生させるか……ということばかりにとらわれず、商品そのものに目を向ける必要があるというわけだ。

次に、「**口コミの発生には、著名人の起用などを計画的に意図しなくてはならない**」ということ。実際、口コミが広がる際には、有名人が起爆剤になることが多い。

そして、「**最良の顧客こそが、最高の口コミ伝道師である**」という要素も見逃してはいけない。心から商品のファンになってくれた顧客は、多くの友人、知人に商品を広めてくれる。

このほか、「**口コミを利益に結びつけるには、先行優位性が重要になる**」「**口コミを生み出すには広告が必要だが、広告が早すぎたり、量が多すぎたりすると逆効果になる**」といったことも挙げられている。製品やサービスは他社に先んじてリリースし、適切なタイミングで適切な量の広告を投入することで、口コミに火がつくということだろう。

以上に紹介した5要素を、ダイは「口コミの5つの神話」と名付けているが、神話といわず現実のものとすれば、「バズる」商品となる可能性は高まるだろう。

マーケティングは熱烈なファンを巻き込む

大使や支援者によるアンバサダー・マーケティング

無償の推奨が説得力を生む

口コミで商品の魅力を拡散する際に、強い味方となってくれるのが「熱烈なファン」だ。バイラル・マーケティングやバズ・マーケティングでは、一般人のほか、著名人を起用する場合もあるが、熱烈なファンがそれを上回る効果を発揮する場合もある。こういった熱烈なファンを巻き込んだマーケティングの手法を「アンバサダー・マーケティング」と呼ぶ。

アンバサダー・マーケティングを担うのは、アンバサダーやアドボケーツと呼ばれる存在だ。アンバサダーは大使という意味で、アドボケーツには支援者という意味がある。広告代理店から報酬をもらったり企業から特別なサービスを受けたりして商品を紹介する人とは、**情熱という部分で大きな違いがある。**

心から商品に惚れ込んで推奨すると、やはり相手の心に響くものだ。たとえば、特定の商品について、ブログに熱っぽくその魅力が綴られているような場合は、単にアフィリエイト広告が貼られているより格段に説得力を持つはずだ。

〈アンバサダー・マーケティングの概要〉

●心から商品をすすめる姿に心を動かされる

〈お金を払ってレビューを依頼する〉

〈無償でレビューが提供される〉

アンバサダー、アドボケーツとは？

アンバサダー

「大使」や「使節」という意味がある。企業やブランド、商品、サービスの熱狂的なファンで、ほかの消費者に商品をすすめてくれる。

アドボケーツ

「支援者」という意味がある。企業の姿勢や取り組みに共感してくれるような消費者を指し、その企業が扱う商品についても好意的に受け止めてくれる。

アンバサダーの見つけ方

企業にとって頼りになるアンバサダーだが、そういった存在を獲得するには、企業側の努力も必要だ。たとえばソーシャルメディアなどで、自社のブランドや商品について検索し、好意的なレビューを書いたり、ファンであることを公言していたりする人にアプローチするのもひとつの方法だ。

基本的に一般人を対象とするため、実際にはそのあとにアンバサダーとしての適性をはかるなど、さまざまな調査や交渉も必要になるが、**各種ＳＮＳはアンバサダーを効率的に発掘できる場所**だといえるだろう。

もう少し確実な方法としては、商品モニターなどで一般人を募り、そのなかからアンバサダーになり得る人材を見出すというアプローチもある。最近は、企業が中心になってアンバサダーが集まるコミュニティをつくるような取り組みも活発になっている。実際に、アンバサダーから製品やサービスに対する意見を吸い上げ、それを業務の改善に役立てることで、多大な成果を挙げるような例も珍しくない。

また、場合によってはインターネットでの影響力が高いアンバサダーを、企業自らが各種メディアに売り込んでいくという方法も選択肢に入ってくる。一口にアンバサダー・マーケティングといっても、人材の獲得法や人材の活かし方は、さまざまな方法がある。

マーケティングに影響力を持つさまざまな人材

マーケティングには、アンバサダーやアドボケーツ以外にも、さまざまな人材が活用されている。当然、Ｗｅｂマーケティングについて影響力を持つ人材も多い。その中心的な存在をいくつか紹介しておこう。

- **インフルエンサー**……芸能人やアスリート、読者モデルや最近ではユーチューバーなど、多くの人に影響を与える存在。基本的には、報酬と引き換えに製品やサービスをアピールしてもらうようなことが多い
- **オピニオンリーダー**……著名な評論家など、その分野に対して一定以上の知識があると広く認知されているような存在
- **エバンジェリスト**……「伝道師」という意味を持つ。基本的に企業や団体など、組織に所属して、一般の消費者に商品のメリットや使い方を教えるような役目を担う
- **ロイヤルカスタマー**……ブランドロイヤリティが高い顧客で、長年にわたって商品やブランドに愛着を持ってくれるような存在

こういった存在は、アンバサダーやアドボケーツとはまた違ったアプローチで消費者に影響力を発揮する。アンバサダー・マーケティングとあわせて柔軟に起用することができれば、マーケティングの幅が広がるだろう。

CHAPTER 7-05

避けるべきマーケティングをチェックする

絶対禁止のステルス・マーケティング

マーケターには倫理観が必要

Webマーケティングといえば、炎上のリスクにも備えなければならない。ソーシャルメディア上での風評被害や広報担当者の失言などが炎上の原因になることも多いが、深刻な事態を引き起こす原因のひとつに「ステルス・マーケティング」がある。

ステルス・マーケティングとは、一般の消費者やインフルエンサーに報酬を渡して、普通の記事として宣伝記事をブログに書いてもらったり、企業の社員が一般消費者に成りすましてレビューサイトの記事を投稿したりすることを指す。アンバサダーやアドボケーツのような存在を獲得するのは難しいため、いわゆる「やらせ」が横行するわけだが、**絶対に避けるべき行為**だと心得るべきだ。実際、多くのタレントがステルス・マーケティングに加担して大炎上を巻き起こした事件があったが、「これくらいならいいだろう」という甘えた気持ちが大変な事態につながることもある。マーケターにはこの手の誘惑がたくさんあるが、倫理観を持って職務に当たらなければならない。

〈Webマーケティングの炎上リスク〉

●さまざまな炎上のパターンがある

広報担当者など社員がソーシャルメディアで失言する。

悪意のあるデマや誹謗中傷が拡散してしまう。

ステルス・マーケティングをはじめ、やらせに対するバッシング。

クレーマーのような消費者から執拗な攻撃を受ける。

これらはすべてステルス・マーケティング

マーケターには高い倫理観が必要！

口コミサイトへの書き込み

マーケティング代行業者などが、一般消費者を装って、口コミサイトなどに好意的なレビューを書き込む。

一般記事を装ってPR記事を投稿

タレントやアスリートなど影響力を持つ人に報酬を渡し、ブログに一般記事を装ってPR記事を投稿してもらう。

匿名掲示板への投稿

自社に対する好意的な投稿以外に、ライバル企業の誹謗中傷を匿名掲示板などに書き込む手口もある。

CHAPTER 7-06

インターネットのリアルタイム性を活かす

短時間で勝負するフラッシュ・マーケティング

消費者の焦燥感を刺激する

インターネットのリアルタイム性を活かした手法に、「フラッシュ・マーケティング」がある。おもに製品やサービスを販売するサイトで採用されている手法で、出品者が用意した商品に、決められた時間までに決められた数量の注文が入れば取引が成立するというものだ。当然、時間までに予定数に達しなかった場合は取引が不成立になるが、それゆえに**消費者の焦燥感を刺激し、SNSなどで話題が広がりやすい**。

フラッシュ・マーケティングの安さの秘密は、ある程度まとまった注文量があることで仕入れや配送などのコストダウンが可能になったり、あるいは赤字覚悟のプロモーションの一環だったりする場合もある。在庫処分や見込み客のデータ取得などに利用される場合もあるだろう。物品を売る場合は、出品する企業側も取引が成立しないと大量の在庫を抱えるリスクがあるが、レストランやスポーツクラブなどの割引クーポンの場合は、空いている時間などの集客に大きなリスクなく使える手法だといえる。

〈フラッシュ・マーケティングの概要〉

●「時間」と「数量」のしばりが購買行動に影響する

＜フラッシュ・マーケティングの流れ＞

①強烈な低価格をつけて消費者にアピールする

▼

②残り時間と残り在庫がカウントダウンされていく

▼

③予定数をクリアするためにSNSなどで情報が拡散

▼

④数時間～数日程度の短い時間で多くの販売量を実現!

＜主なフラッシュ・マーケティングの例＞

共同購入で大型割引のクーポンを発行する

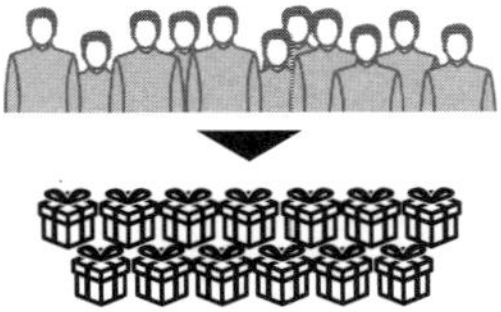

まとまった数の大型割引クーポンを発行する。「共同購入」という形をとることで、大量の商品がさばけ、仕入れコストなどを削減することができる。

時間や属性を限定したセールを実施する

1日限定　会員限定

時間限定のセールや、会員しか参加できないセールを実施し、商品のプレミア感とオトク感を演出する。プロモーション目的におこなわれることも。

CHAPTER 7-07

ゲームの要素をマーケティングに組み込む

面白さを演出するゲーミフィケーション

コミュニティ形成にも寄与する

インターネットと相性のいいマーケティング手法のひとつに「ゲーミフィケーション」がある。ゲーミフィケーションは、ゲームの要素を購買行動や商品検索行動などに結びつけることを指し、参加者の行動を数値化したり、進行状況を可視化させたりすることで、**モノを買ったりサービスを受けたりすることにゲームのような面白さを付加する。**たとえば新発売の商品を紹介する特設Ｗｅｂサイトで会員を募り、ユーザーが訪れる回数ごとにポイントを付与し、レベルがあがっていくような仕組みだ。あるいは、一定のポイントがたまれば特典を得られるような仕組みにし、その進行状況がゴールに向かっていくユーザーのアバターで表現される……といった手法もゲーミフィケーションでよく見る演出だ。

特にロイヤリティが高い会員に向けたスペシャルサイトをつくり、そこにゲーミフィケーションの要素を取り入れることで、多くのユーザーを集め、自社商品に関心のある層のコミュニティを形成することもできる。

〈ゲーミフィケーションの概要〉

●ビジネスの分野にゲームの要素を融合する

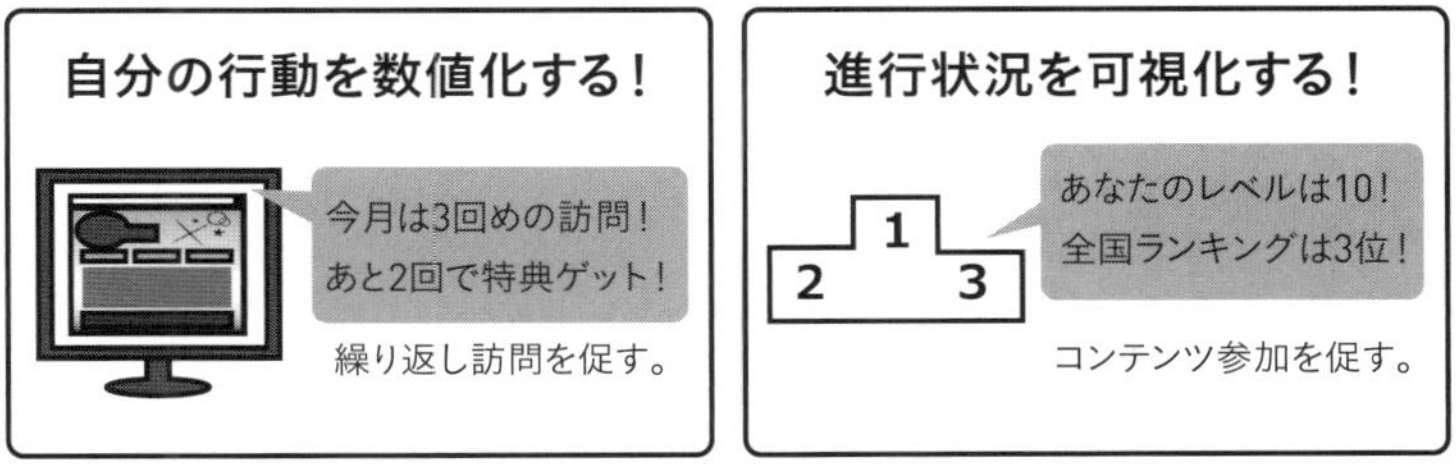

〈ゲーミフィケーションの流れ〉

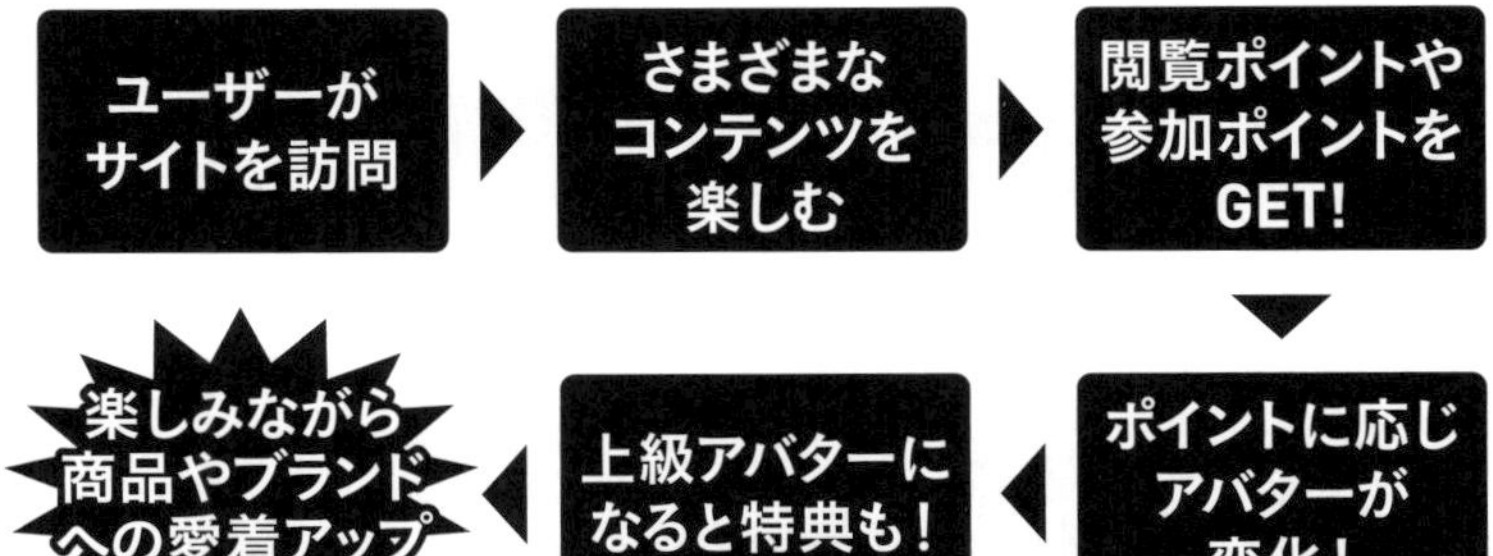

ゲーム的な楽しさを提供することで、自社の製品やサービスについての情報を、好意的に受け止めてもらえる。

リアルとネットを融合する

O2Oマーケティングとオムニチャネル

顧客との接点を無駄にしない

Webマーケティングはインターネットを介したマーケティング手法だが、リアルとネットを融合させるような取り組みにも活用されている。たとえば、外出中に小腹が空いて飲食店を検索し、すぐに使えるクーポンを発行している店に行く……という利用シーンは容易に思い浮かぶ。こういったオンライン環境とリアル店舗を連携させるような手法を「O2O(Online to Offline)マーケティング」と呼ぶ。

O2Oマーケティングをさらに発展させた概念に「オムニチャネル」がある。これは、オンライン/オフラインにかかわらず、あらゆる顧客との接点を活かして顧客との関係性を深めていく取り組みだ。たとえばインターネットのショッピングサイトで注文した商品を、近くのコンビニで受け取って、商品レビューを企業サイトに書き込み、購入後のサポートは有人のコールセンターに連絡する……といった具合だ。このように**リアル環境との連携や融合にも目を向けることで、Webマーケティングの可能性は大きく広がる。**

〈O2Oマーケティングとオムニチャネルの概要〉

〈O2Oマーケティングの例〉

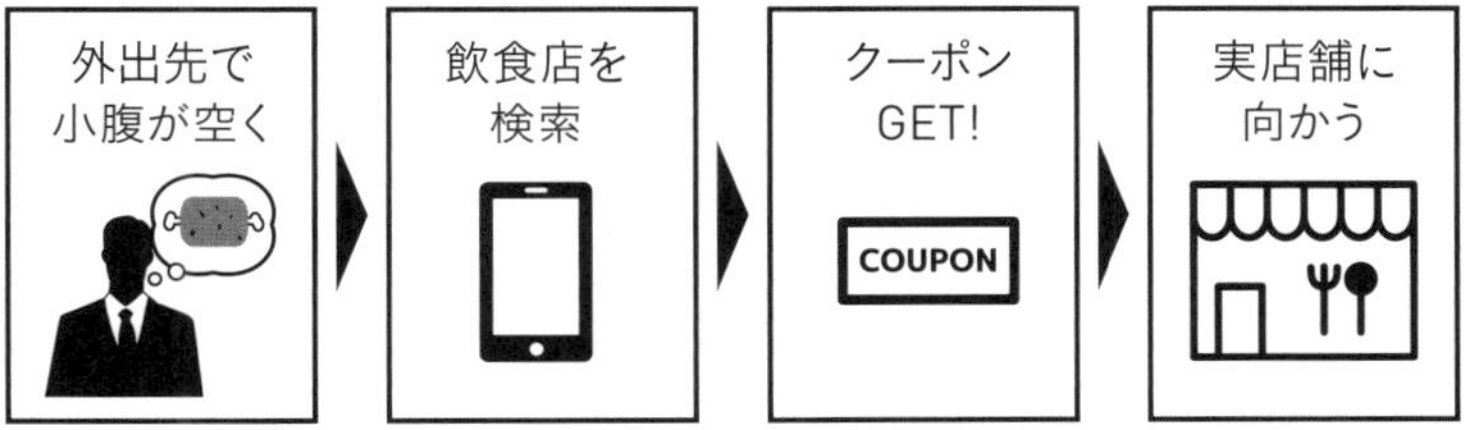

インターネットを利用した検索行動をきっかけに、実店舗への来店を促すような取り組み。

〈オムニチャネルのイメージ〉

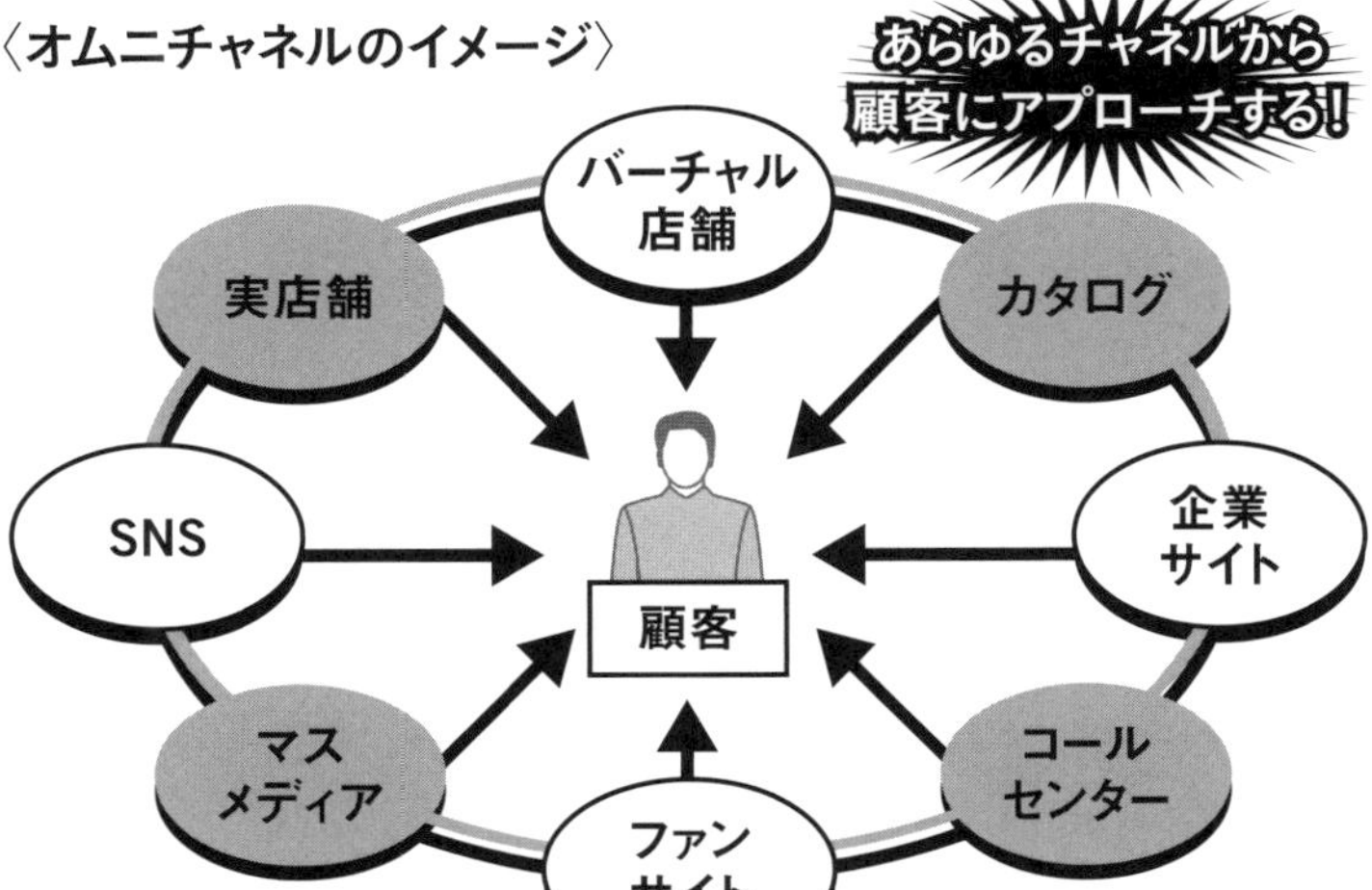

インターネット、リアル環境にかかわらず、すべてのチャネルを活かして消費者と接点を持ち、関係を深めていく。

O2Oマーケティングの概要

スマートフォンの爆発的な普及により、O2Oマーケティングは日常的な利用シーンがいくつもイメージできるほど浸透してきている。

たとえば、外出先で道に迷ってスマートフォンの地図アプリを開いたところ、自動的に近隣にある飲食店がレコメンドされて、興味を引かれて足を運ぶ。会社の帰りに急きょ飲み会をすることになり、飲食店のレビューサイトで適当な店を探したら、その場で空席情報が表示され、予約まで完結することができた。こういったインターネットでの検索行動をもとに、リアル店舗に誘導するのがO2Oマーケティングの基本だ。

また、O2Oマーケティングを使って、顧客満足や顧客ロイヤリティを高めるような取組みもおこなわれている。たとえばスマートフォンの専用アプリを使って、近隣店舗の空席情報を検索するようなときに、一緒にクーポンを発行する。クーポンを店舗で提示することで、来店の頻度がわかるようになり、優良顧客にはよりオトクなクーポンを発行する……といった具合に、**O2Oマーケティングの長所を上手に活用することで、継続的な利用をうながすこともできる**。

208ページで紹介したゲーミフィケーションと融合させて、たとえば実店舗に足を運んで店舗内に掲載されているQRコードを読み込めば、限定のキャラクターが手に入る……といった企画を立てるなど、O2Oマーケティングはさまざまな可能性を秘めている。

オムニチャネルの概要

インターネットとリアル環境を接続するO2Oマーケティングに対し、オムニチャネルは「ネットとリアルの融合」を主眼においた概念だといえる。**インターネットとリアル環境の垣根を取り払い、ありとあらゆるチャネルを活用して顧客との接点を持つ**ような取り組みだ。

インターネットを使った通販は便利だが、生活のすべてがネット上で完結できるわけではない。家でゆったりインターネットを楽しんでいる時間もあれば、日中は外出している場合もあるだろう。たとえば仕事で遅くなり、宅配などを受け取れない時間にしか帰宅できない場合は、インターネットで注文して、コンビニなどのリアル店舗で受け取るといった方法を使えれば便利だ。支払いは、ネット決済でもコンビニで支払ってもいい。

実店舗で商品の品定めをして、購入はネットで安値を検索する……といったショールーミングに対しても、オムニチャネルを活用して包括的に消費者の利便性を高めることで、単なる最安値の追求に負けない価値を提供して対抗できる。

多数のチャネルを持つ企業では、すでに各チャネルでの消費者の購買行動などをデータ化し、個々の消費者にマッチする情報を届けるなど、オムニチャネルがマーケティング分野において強力な武器になっている。

CHAPTER 7-09

マーケティングを統合する

コトラーのホリスティック・マーケティング

状況に合わせて諸理論を組み合わせる

本書では7章にわたって、さまざまなマーケティングの理論を紹介してきた。マーケティングの実務では、個々の理論を一つひとつ試していくような方法ではなく、**さまざまな理論を統合して包括的な戦略を立てることが必要だ**。インターネット全盛の現代においては、とりわけ旧来のマーケティング理論に、Ｗｅｂマーケティングをいかに融合させるかもポイントになってくるだろう。

マーケティングの神様と呼ばれたフィリップ・コトラーも「ホリスティック・マーケティング」という形で、包括的なマーケティングの重要性を説いている。ホリスティック・マーケティングでは、「リレーションシップ・マーケティング」「統合型マーケティング」「インターナル・マーケティング」「社会責任的マーケティング」の4つのマーケティング要素を統合的に活用する。4つのマーケティング理論の説明については左ページの表に譲るが、この4つに限らず、さまざまな理論を状況に応じてうまく組み合わせるという発想が大切だ。

〈ホリスティック・マーケティングの概要〉

●4つのマーケティングを包括的に組み合わせる

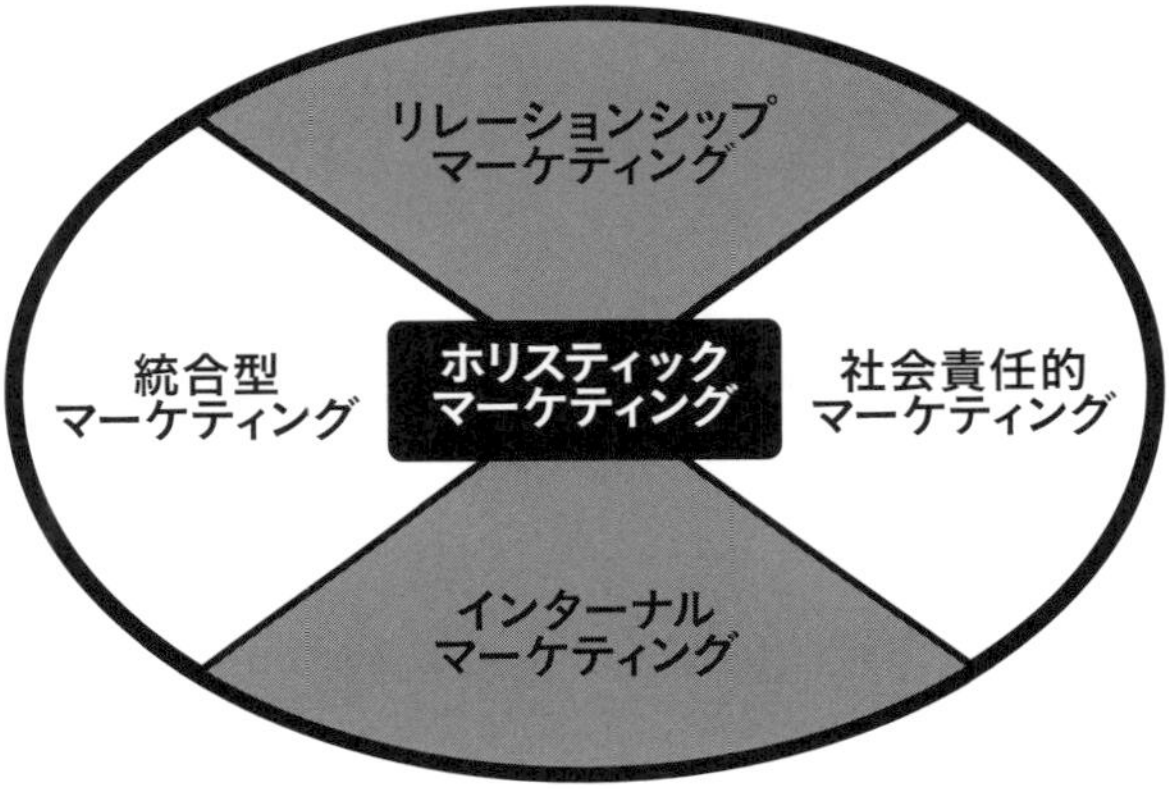

4つのマーケティングの概要

リレーションシップマーケティング 顧客に加え、サプライヤーや流通関係をはじめとする外部協力企業などが相互に望ましい関係を構築する。	**統合型マーケティング** 4Pと4Cを効果的に組み合わせるマーケティング・ミックスなど、さまざまな要素を戦略的に統合する。
インターナルマーケティング 顧客と信頼関係を築くために有用な人材を採用するなど、社内向けにおこなわれる活動。	**社会責任的マーケティング** 社会福祉、社会貢献をはじめ、企業における社会的な役割や使命を考慮した活動。

さまざまな経営資源を活用して、顧客の利益と満足を実現する

さまざまな理論を統合するときには、ホリスティック・マーケティングの一要素である統合型マーケティングの考え方が参考になる。

統合型マーケティングでは、4Pと4Cを組み合わせたマーケティング・ミックスの活用がひとつのカギとなるが、たとえば4Pのプロモーションと4Cのコミュニケーションに注目してみよう。広告や販売促進、イベント、PR、人的販売などを意味するプロモーションと、「顧客との対話」を意味するコミュニケーションをうまく組み合わせることで、ホリスティック・マーケティングの起点でもある「顧客の利益と満足」を達成するような施策を立てることができる。

重要なのは、広告、販売促進、イベント、PRといった要素を個々に検討・実行するのではなく、それぞれを組み合わせる、連携させる、融合する……といった柔軟な発想を持つことだ。こういった発想は「コミュニケーション・ミックス」とも呼ばれる。

マーケターはコミュニケーション・ミックスに限らず、マーケティング活動全般において、自社の経営資源や取引先の資源をさまざまにミックスして、顧客の利益と満足を実現するために長期的な視点で戦略を練ってほしい。

おわりに

マーケティングの研究がはじまったのは1900年代初頭と、その歴史は意外と浅い。しかし、モノを大量生産して多くの消費者にばらまいてきたマス・マーケティングの時代から、経済の発展とともに企業と消費者の関係も大きく変わり、そのたびにマーケティングも進化を重ねてきた。

マーケティングの第一人者であるコトラーも、モノを中心とするマーケティングを「マーケティング1・0」、顧客の欲求やニーズに応えるマーケティングを「マーケティング2・0」、消費者にとっての価値を第一に考えるマーケティングを「マーケティング3・0」、そして近年では「自己実現欲求」にまで踏み込んだマーケティングを「マーケティング4・0」と位置づけ、時代の流れとともに概念を進化させてきている。

マーケターにとっては、まさに「一生勉強」という世界ではあるが、本書がこれからマーケティングの分野で活躍する課長、部長にとって最初の一冊として役立てば、これに勝る喜びはない。

2016年　9月

参考文献

『全史×成功事例で読む「マーケティング」大全』(かんき出版)酒井光雄(編著)、武田雅之(著)
『成功事例に学ぶマーケティング戦略の教科書』(かんき出版)酒井光雄(編著)、武田雅之(著)
『コトラーを読む』(日本経済新聞出版社)酒井光雄(著)
『視聴率調査はなぜウチに来ないのか』(青春出版社)酒井光雄(著)
『図解でわかるブランディング』(日本能率協会マネジメントセンター)ブレインゲイト株式会社(著)
『コトラーのマーケティング3.0 ソーシャル・メディア時代の新法則』(朝日新聞出版)フィリップ・コトラーほか(著)、恩藏直人(監訳)、藤井清美(訳)
『コトラーのマーケティング入門 第4版』(丸善出版)フィリップ・コトラー、ゲイリー・アームストロング(著)、恩藏直人(監)、月谷真紀(訳)
『マーケティング原理 第9版』(ダイヤモンド社)フィリップ・コトラー、ゲイリー・アームストロング(著)、和田充夫(監訳)
『イノベーションと企業家精神』(ダイヤモンド社)ピーター・ドラッカー(編著)、上田惇生(訳)
『カスタマー・ロイヤルティの経営—企業利益を高めるCS戦略』(日本経済新聞社)ジェームス・L・ヘスケットほか(著)、島田陽介(訳)
『図解 よくわかるこれからのマーケティング』(同文館出版)金森努(著)

『図解でわかるマーケティング　いちばん最初に読む本』（アニモ出版）野上眞一（著）
『これだけは知っておきたい「マーケティング」の基本と常識』（フォレスト出版）大山秀一（著）
『ケースで学ぶマーケティング　第2版』（ミネルヴァ書房）井原久光（著）
『現場感覚でわかりやすい　マーケティング戦略入門　理論と実践』（日本能率協会マネジメントセンター）井徳正吾（著）
『マーケティング概論』（中央大学出版部）奥本勝彦、林田博光（著）
『プロが教えるＷｅｂマーケティング＆集客・販促』（ソフトバンククリエイティブ）福山大樹（著）
『ゼミナール　マーケティング入門　第2版』（日本経済新聞出版社）石井淳蔵、嶋口充輝、栗木契、余田拓郎（著）
『いまさら聞けないＷｅｂマーケティング』（マイナビ出版）佐藤和明（著）
『ぐるっと！　マーケティング』（すばる舎）安部徹也（著）
『この1冊ですべてわかる　マネジメントの基本』（日本実業出版社）手塚貞治（編著）
『図解入門ビジネス最新マーケティング戦略の基本がよーくわかる本』（秀和システム）宮崎哲也（著）
『図解＆事例で学ぶ課長・部長マネジメントの教科書』（マイナビ出版）野田稔（監）、シェルパ（著）
『図解＆事例で学ぶマーケティングの教科書』（マイナビ出版）酒井光雄（監）シェルパ（著）

このほかにも多くの書籍、雑誌、Ｗｅｂサイトを参考にさせていただいた。

索引

●著者
株式会社シェルパ
ビジネス書を中心に、多数の書籍、雑誌、Web媒体の編集・執筆を手がける。マーケティング分野以外にも、企業に向けた社員研修のノウハウやビジネスパーソンのスキルアップをテーマにした媒体など、対応領域は多岐に及ぶ。上場企業やグローバル企業など、各業界で活躍するビジネスリーダーへの取材経験も豊富で、多彩な情報を持つ。近年は国際観光分野をはじめ、政策に関する著書も多い。

課長・部長のための
マーケティング実践入門

2016年9月25日　初版第1刷発行

著　者　株式会社シェルパ
発行者　滝口直樹
発行所　株式会社マイナビ出版
〒101-0003 東京都千代田区一ツ橋2-6-3 一ツ橋ビル 2F
TEL 0480-38-6872（注文専用ダイヤル）
TEL 03-3556-2731（販売部）
TEL 03-3556-2733（編集部）
Email：pc-books@mynavi.jp
URL：http://book.mynavi.jp

装丁　藤塚尚子（ISSHIKI）
本文デザイン　玉造能之、梶川元貴（ISSHIKI）
DTP　株式会社シェルパ、富宗治
印刷・製本　図書印刷株式会社

ISBN978-4-8399-5864-0
Printed in Japan